AF549648

Birgit Berndt

Stralsund

Um drei in der Fährstraße!

Geschichten & Anekdoten

Bildnachweis

Fotos privat: S. 11, 14, 16, 19, 27, 41, 42, 57, 70, 72, 74; Birgit Berndt: S. 12, 29, 52, 55, 56, Fischkoch-Broschüren: S. 30, 31, 32; Horst Schröder Archiv DMM: S. 37; Speedway-Broschüre privat: S. 67; Archiv DMM: S. 78; Jan-Peter Reichert Archiv DMM: S. 79

Quellen

Herausgeber: Professor Dr. Herbert Ewe: Geschichte der Stadt Stralsund, 1984, Hermann Böhlaus Nachfolger, Weimar; Stralsund, 1981, VEB Hinstorff Verlag, Rostock; Stadtarchiv Stralsund; Archiv Deutsches Meeresmuseums; Stralsund-Museum; Claudia Hoffmann, Archäologin und Kuratorin im Stralsund-Museum: Buchauszug: „Hiddenseeschmuck-gefunden oder geraubt?" in Entdeckungen auf Rügen und Hiddensee, Leipzig, 1973, Seite 62-84 von Konrad Schmidt; Ostseezeitung; Ostsee-anzeiger; Website: bismarckhering.com; Hartmut Schröder Homepage und viele Gespräche

Danksagung

Dankeschön an alle Freunde, Bekannten und Kollegen, die mir bei vielen angenehmen Treffen ihre Erinnerungen anvertrauten. Ganz besonders danke ich Eleonore Winkler, Uwe Drafz, Anke John-Wittkowski, Harald König, Hartmut Schröder, Jens Ullrich, Eva Brandt und Reiner Stibale. Ebenso Hanni Höpner (Wirtin der Fähre), Jan-Peter Reichert (Archiv DMM), Dr. Andreas Neumerkel (Mitarbeiter im Stadtarchiv), Marcus Borowski (Direktor arcona Hotel Baltic Stralsund) und Claudia Hoffmann (Archäologin, Kuratorin Stralsund-Museum) sowie den Mitgliedern des Stralsunder Gästeführervereins 07 unter dem Vorsitz von Roland Zenke. Lieben Dank meinem Mann Reinhard für sein Verständnis, seine Hinweise und seine Unterstützung.

1. Auflage 2016

Layout: Da Forma Agentur für Gestaltung, Gudensberg
Druck: Zimmermann Druck + Verlag GmbH, Balve
Buchbinderische Verarbeitung: Buchbinderei S. R. Büge, Celle

34281 Gudensberg-Gleichen, Im Wiesental 1
Tel. 0 56 03 - 9 30 50   www.wartberg-verlag.de
ISBN 978-3-8313-2189-6

Inhalt

Vorwort

„Meerstadt ist Stralsund, vom Meer erzeugt, dem Meere ähnlich, auf das Meer ist sie bezogen in ihrer Erscheinung und in ihrer Geschichte.“

Ricarda Huch (1864–1947)

1234 erhielt die kleine Fischersiedlung am Strelasund die Stadtrechte. Der Grundstein für einen rasanten Aufstieg war gelegt, die Stadt wurde reich und mächtig. Der Handel blühte, schon früh schloss sie sich dem Bund der Hanse an. Worauf gründete sich nun diese Entwicklung? Genau wie Ricarda Huch es beschreibt, die Nähe zum Meer. Nicht weniger als sechs Straßen führen seit damals von der Innenstadt direkt zum Hafen, bis heute.

Eine davon ist die Fährstraße, in der man sich zu allen Zeiten gut um drei Uhr nachmittags treffen konnte, aber auch am Abend, nämlich in der Fähre, einer der ältesten Hafenkneipen Europas. Ein legendäres Stralsunder Original gehörte zu den Stammgästen. Das ist eine Geschichte, viele weitere habe ich in diesem Buch zusammengetragen. Zum Beispiel die von Marlene im Museum oder vom Kutter, der auf der Straße unterwegs war. In anderen Kapiteln geht es um eine sonderbare Probefahrt oder um die Lütte, die quietschte, den Fisch, der Bismarck heißt und eine Milchbar. Was passieren kann, wenn eine junge Französin und ein Sachse sich näherkommen und das Kütertor eine wichtige Rolle spielt! Nicht zu vergessen Vater und Sohn beim Besuch des ersten Speedwayrennens im Stadion an der Barther Straße, oder die ... Ach, was sage ich, lassen Sie sich überraschen, von dem, was in den 1950er- bis in die 1980er-Jahre in der Stadt so los war.

Von manchen Geschichten hatte ich im Rahmen meiner Ausbildung zur Gästeführerin bereits gehört, andere waren mir gänzlich unbekannt. Gerade das machte die Arbeit an diesem Band so ungeheuer spannend. Bei Gesprächen mit Einheimischen setzte oft der Jetzt-wo-du-das-fragst-Effekt ein, was sie veranlasste, tief in die Schatzkiste ihrer Erinnerungen einzutauchen und Erstaunliches hervorzukramen. Seitdem ich diese Geschichten und Anekdoten aufgeschrieben, Fotos herausgesucht und zugeordnet habe, gehe ich mit anderen Augen durch Stralsund. Relikte der jüngsten Vergangenheit oder nicht mehr Vorhandenes bekamen einen anderen Stellenwert .

Das Buch basiert auf Erinnerungen, die mir vermittelt wurden. Sollten sich irgendwo Ungereimtheiten eingeschlichen haben, so bitte ich das zu entschuldigen, es war ganz bestimmt keine Absicht.

Übrigens, eine unauslöschliche Erinnerung habe auch ich an Stralsund. Bei meinem ersten Besuch 1990 stand ich staunend und überwältigt vor der stolzen Rathausfassade auf dem Alten Markt. Es war Sommer, die Sonne schien und in einer Imbissbude wurden Würstchen verkauft, die an Stehtischen gegessen werden konnten. Klick! machte es und ich war verliebt in die Stadt. Sie zog mich magisch an, am liebsten wäre ich sofort dageblieben. Das war aus vielen Gründen nicht möglich und ich verlor sie in den folgenden Jahren aus den Augen, aber nie aus dem Herzen. Als sich eine größere Veränderung in meinem Leben abzeichnete, geriet Stralsund wieder in den Focus, wurde endlich meine Wahlheimat. Nie kann ich den Alten Markt überqueren, ohne innezuhalten und auf das Rathaus zu schauen. Dann sehe ich mich wieder sehnsüchtig dort stehen, meine Bratwurst essen und bin dankbar dafür, dass manche Träume wahr werden.

In diesem Sinne freuen Sie sich auf ein unterhaltsames, informatives und entspannendes Buch, das ich mit viel Herzblut nach bestem Wissen und Gewissen geschrieben habe.

Herzlich
Birgit Berndt

Abenteuer mit Goldschmuck

Im November 1872 tobte ein Sturm, der eine verheerende Flut auslöste. Riesige Wellenberge fegten über die kleine Insel Hiddensee hinweg. Es war der schwerste Sturm, den die Insulaner bis dahin erlebt hatten. Der zerstörerische Orkan versetzte sie in Angst und Schrecken. Aber kaum hatte sich die Windsbraut beruhigt und das Wasser sich zurückgezogen, beseitigten sie in stoischer Ruhe die Schäden und kehrten in die alltägliche Routine zurück.

Bis im März 1873 ein Artikel in der „Stralsundischen Zeitung" erschien, der die Hiddenseer und Stralsunder aufhorchen ließ. Die Zeitung berichtete, dass sich in einem vom Sturm überschwemmten Garten ein glänzendes Stück Metall gefunden hätte. Vermutlich handele es sich um Gold. Eine Fischersfrau aus Neuendorf war die glückliche Finderin. Bereits am Tag nach dem Sturm hatte sie das Gold entdeckt, aber zunächst für sich behalten. Erst als ihr Sohn das nächste Mal nach Stralsund fuhr, gab sie ihm das Metall mit. Er zeigte es einem Goldschmied, der das Schmuckstück zum Metallwert kaufte.

Der sensationelle Fund sprach sich rasch herum. Auch Dr. Rudolph Baier, der damalige Direktor des „Neuvorpommerschen Provinzialmuseums", das sich in zwei Räumen des Stralsunder Rathauses befand, erfuhr davon. Geistesgegenwärtig griff er zu, als das Fundstück auf Umwegen den Weg zu ihm fand. Es handelte sich um ein außergewöhnlich filigran gearbeitetes Schmuckstück aus purem Gold, das Dr. Baier den Wikingern zuordnete. Gespannt wartete er ab, ob wohl weitere Teile dieses Schmuckes auftauchen würden, wovon er ausging. Er behielt recht. Bis zum Sommer 1874 hütete er in seinem Museum sechzehn Schmuckstücke aus reinem Gold. Meisterwerke der Goldschmiedekunst, versehen mit feinen Ziselierungen, aufgebrachten Kügelchen und gekonnt verschlungenen Drähten. Inzwischen war klar, dass es sich um ein Ensemble handelte. Wahrscheinlich hatte sich eine reiche Wikingerfamilie mit den kostbaren Teilen geschmückt. Es musste eine sehr reiche Familie gewesen sein, denn die Wikinger trugen eigentlich Silberschmuck.

Der Fund von Hiddensee, inzwischen als „Hiddenseer Goldschmuck“ bekannt, verfügte von Anfang an über eine große Anziehungskraft und faszinierte die Menschen. Das hängt sicher mit der abenteuerlichen Entdeckergeschichte zusammen, die mit diesem außergewöhnlichen Schatz verbunden ist. 1924 zog das Museum vom Rathaus in neue, größere Räume im ehemaligen Dominikanerkloster St. Katharinen. Ausgestellt war der Wikingerschmuck in einem einfachen Kasten, der abends im Tresor eingeschlossen wurde.

Kurz vor Kriegsende 1945 erlebten Museumsdirektor Dr. Fritz Adler und seine Stellvertreterin Käthe Rieck weitere Abenteuer mit dem Goldschmuck. Auf Anweisung der Gauleitung in Stettin wurde der Wikingerschmuck von Stralsund nach Stettin gebracht. Mutig äußerte Dr. Adler Bedenken, obwohl ihn das in große Gefahr brachte. Prompt vermuteten die Männer von der Gauleitung, der Direktor habe Zweifel am „Endsieg“. Direktor Adler fügte sich und veranlasste, dass der Hiddensee-Schmuck wie befohlen nach Stettin gebracht wurde.

Als die Rote Armee weiter vorrückte, wuchs die Befürchtung, die Nazis könnten den Goldschmuck auf ihrer Flucht mitgehen lassen. Der damalige Leiter des Stralsunder Verkehrsvereins fuhr selbst nach Stettin. Er nutzte die Gunst der Stunde, die inzwischen überall verbreitete Verwirrung und wohl auch seine Beziehungen. Jedenfalls schnappte er sich den kostbaren Hiddensee-Schmuck und brachte ihn unbehelligt und unversehrt nach Stralsund zurück, wo er in der Reichsbank deponiert wurde.

Um den Schatz vor Bombenangriffen zu schützen, ließ die Museumsführung einen Metallkasten anfertigen, legte den Schmuck hinein und lötete den Kasten zu. Der Inhalt wurde mit Siegeln und Anschriften versehen, um ihn als Eigentum des Museums und der Stadt Stralsund zu kennzeichnen. Im März 1945 vergrub Dr. Adler den Schatz im Park eines Rittergutes auf dem Land in der Nähe von Grimmen. Vertrauenswürdige Stralsunder erhielten eine Skizze des Parks, auf der die Stelle vermerkt war. Auch die stellvertretende Direktorin Käthe Rieck bekam einen Plan.

Im Mai 1947 fuhren Dr. Adler und der damalige Stralsunder Bürgermeister zu besagtem Rittergut, um den Schatz zurück ins Museum zu holen. Das Gut verwaltete inzwischen ein Bauernkomitee, dessen Vorsitzender den beiden Herren erlaubte, den Metallkasten auszugraben. Vor ihrer Abfahrt zeigten sie den Kasten ordnungsgemäß vor und gelangten unbehelligt zurück nach Stralsund. Und jetzt? Weder im Museum noch in den Tresoren der Stadt fand sich ein sicherer Platz zur Aufbewahrung des Schmucks und so nahm Dr. Adler ihn kurzerhand mit in seine Wohnung.

Die Bauern waren misstrauisch geworden und unterrichteten die Sowjetische Kommandantur in Stralsund über den Vorfall. Die glaubte nämlich nicht so recht an Museumsbesitz, sondern vermutete ein privates Interesse. Alles Beteuern seitens Dr. Adler half nichts, die Kassette wurde sichergestellt und wanderte in die Kommandantur. Käthe Rieck und Dr. Adler wurden in der folgenden Zeit öfter über den Goldschmuck befragt. Immer wieder beteuerten sie, dass der Goldschmuck rechtmäßig dem Museum gehöre. Um endlich alle Zweifel auszuräumen, zeigten sie die Zugangsverzeichnisse über den aus unterschiedlichen Händen stammenden Schatz in der Kommandantur vor. Glücklicherweise waren die Eingänge penibel eingetragen.

Wieder verging einige Zeit, bis die Kommandanten sich meldeten. Ausgerechnet im September 1947, während Dr. Fritz Adler Urlaub auf Hiddensee machte, erhielt Käthe Rieck in Stralsund einen Anruf, sie solle als Vertreterin des Direktors sofort auf die Insel kommen. Zusammen mit dem damaligen Oberbürgermeister fuhr sie hinüber. Vor dem sowjetischen Kommandanten lag schnöde auf altem Zeitungspapier das kostbare Wikingergold. Käthe Rieck sollte bezeugen, dass es sich um den Originalschmuck handelte. Ein Übergabeprotokoll mit russischer Übersetzung wurde aufgesetzt und mit allen notwendigen Stempeln versehen. So erhielten die Museumsmitarbeiterin und der Oberbürgermeister den kostbaren Schatz wohlbehalten zurück. Überwältigt von dem guten Ausgang der Abenteuer rund um den Hiddenseer Goldschmuck berichtete Käthe Rieck ihrem ebenso frohen Chef Dr. Adler vom glücklichen Ausgang. Die Stralsunder hatten ihren Schatz wieder!
In den folgenden Jahren lagerte der echte Goldschmuck im Tresor einer Bank. In welcher, war ein gut gehütetes Geheimnis, das erst im März 2016 in der Ostseezeitung gelüftet wurde. Christian Rödel schrieb, dass der Schmuck seit 1953 im Keller der Deutschen Bank in Stralsund, die damals noch der Staatsbank der DDR gehörte, aufbewahrt worden sei. Das Kulturhistorische Museum, heute Stralsund-Museum, zeigte jahrelang Duplikate, da die Sicherheitsmaßnahmen bis dato bei Weitem nicht ausreichten, um den Originalschmuck zu zeigen.
Das änderte sich erst im Dezember 2015. Nach weitreichenden Umbaumaßnahmen präsentiert das Stralsund-Museum den Original Hiddenseer Goldschmuck in einem neu gestalteten attraktiven Museumsbereich. Endlich können diese außergewöhnlichen, weltweit einmaligen Pretiosen, ihre ganze faszinierende Pracht und Schönheit in einer runden Glasvitrine entfalten.

Tanz mit Aussicht

Anfang der 1950er-Jahre baute die Stadt auf den Fundamenten einer ehemaligen Kaserne einen stattlichen Wohnblock, denn Wohnraum war knapp und wurde dringend gebraucht. Den südlichen Flügel der Kaserne verschonte die Abrissbirne teilweise, obwohl ein Arbeiterwohnhaus gebaut werden sollte. Aber irgendetwas ging schief. Ob jemand die Baupläne falsch interpretiert hat oder mit völlig falschen Plänen hantierte oder was sonst passiert ist, das weiß heute niemand mehr. Tatsache ist, dass anstelle des Arbeiterwohnhauses ein elegantes und prächtiges Hotel in die Höhe schoss.

Im Juni 1954 wurde zünftig Richtfest gefeiert. Ein Jahr später eröffnete das neue, moderne HO (staatliche Handelsorganisation)-Hotel Baltic an der Stalinstraße, wie der Frankendamm von 1953 bis 1961 hieß, bis er seinen alten Namen zurückerhielt. Der Standard des Hotels war auch zu DDR-Zeiten hoch und erfüllte problemlos die Ansprüche in- und ausländischer Gäste und/oder Delegationen, die übrigens seit 1959 das Deutsche Reisebüro mit Sitz am Alten Markt betreute.

Der moderne Hotelbau war schon von Weitem gut sichtbar, nicht zuletzt wegen des Türmchens auf dem Dach, eine dem damaligen Zeitgeschmack entsprechende Verzierung. Ein geräumiger Tanzsaal mit großen Fenstern im fünften Stockwerk war das eigentlich Besondere des Hotels. Von dort reichte der Blick bis zur Insel Rügen, zum Hafen und weit über die Dächer der Stadt, deren Lichter am Abend von fern herüberleuchteten. Wie ein Lauffeuer verbreitete sich bei den tanzfreudigen Stralsundern die Nachricht, dass im Baltic-Hotel allabendlich eine Musikkapelle zum Tanz aufspielte. Auch die auf dem Dänholm und der Schwedenschanze stationierten Volksmariner verbrachten ihre freien Abende gern im Baltic-Hotel. Kurz vor 24 Uhr verschwan-

den sie möglichst unauffällig, um rechtzeitig zum Zapfenstreich zurück in den Kasernen zu sein.
Viele trafen hier ihre große Liebe und nicht selten endeten im Baltic begonnene Romanzen im Hafen der Ehe. Dabei konnten potenzielle Besucher von Glück reden, wenn sie überhaupt eingelassen wurden. Der Andrang war riesengroß. Welche Kriterien eine Rolle dabei spielten, ob und wer eingelassen wurde, kann heute niemand mehr sagen. Aber wer es geschafft hatte und drin war, konnte sich in aller Regel auf einen schönen Abend freuen.

Blick aus dem Tanzsaal im 5. Stock des HO-Hotels Baltic auf den Hafen, Ende der 1960er-Jahre.

Die Gäste wurden hofiert. So soll beispielsweise das Paar, welches sich traute, den ersten Tanz aufs Parkett zu legen, vom Haus eine Flasche Wein geschenkt bekommen haben, die zum sofortigen Verzehr gedacht war. Für Getränke war also gesorgt, das Portemonnaie wurde geschont. Einkaufen konnte man übrigens auch im Haus, denn es beherbergte den Intershop.

Innerhalb kürzester Zeit hatte sich das HO-Hotel Baltic einen Namen gemacht und sich zu einem der ersten Häuser der Stadt gemausert, das einerseits traditionell war, aber andererseits den Anschluss an die neue Zeit nie verlor. Anfang der 1970er-Jahre etablierte sich im Tanzsaal die erste und damit älteste fest installierte Diskothek der Stadt, die aufgrund der im ganzen Raum verteilten Lautsprecher einen tollen Sound hatte.

Türmchen des arcona Hotel Baltic Stralsund.

Der gute Ruf des Hauses erreichte auch Prominentenkreise. Bekannte Künstler oder Sportler oder übernachteten gern in dem modernen Bau am Frankendamm. 1963 betteten zum Beispiel Lotte und Walter Ulbricht bei einem Staatsbesuch in Stralsund anläßlich der Ostseewoche ihre müden Häupter im Baltic.

1967 wohnte während der Dreharbeiten zu dem Film „Die Heiden von Kummerow und ihre Streiche“ der beliebte und berühmte Schauspieler Theo Lingen im Hotel. Ob er auch das Tanzbein geschwungen hat, ist leider nicht überliefert. Viele Jahre später, als der schwedische Ministerpräsident Olof Palme 1984 zur 750-Jahr-Feier der Stadt nach Stralsund kam, wohnte er im Haus.
Nach umfangreichen Sanierungsarbeiten in den 1990er-Jahren erstrahlte das Hotel wieder im neuen Glanz. Heute heißt es „arcona Hotel Baltic“ und gehört wie eh und je zu den ersten Häusern der Stadt, in dem sich Gäste aus aller Welt treffen. Tradition und Moderne verbinden sich zu einer angenehmen Symbiose.

Bonjour, L'amour im Kütertor

Die Jugendherberge Grete Walter im Kütertor besuchten Legionen von Jugendlichen aus der DDR und dem (sozialistischen) Ausland. Als das Haus in den 1960er-Jahren an seine Kapazitätsgrenzen kam, entstanden weitere Zimmer im Wasserturm, im Mauerhaus und dem direkt angrenzenden Kütertor, das schon in früheren Jahrhunderten bewohnt worden war. Außerdem wurde die Küche durch einen Anbau erweitert, der auf dem ehemaligen Luftschutzkeller stand. Die Jugendherberge war mit den umstehenden überaus interessanten Gebäuden zu einer beachtlichen Größe angewachsen. Am meisten begehrt und beliebt waren natürlich die Zimmer im Kütertor. Wo sonst war es möglich, als Gast in einem ehemaligen Stadttor zu wohnen?
Im Sommer 1969 besuchten im Rahmen eines Ferienaufenthaltes Mädchen und Jungen einer Oberschule aus dem Städtchen Boulogne-sur-Mer in Nordfrankreich Stralsund, wo sie in der

Jugendherberge Am Kütertor untergebracht waren. Die Devise lautete: „14 Tage arbeiten – 14 Tage Ferien“. Die französischen Mädchen und Jungen arbeiteten für die Stadt, sie zupften Unkraut in Grünanlagen, pickten Müll auf usw.

Jugendherberge Grete Walter mit Wasserkunst und Kütertor um 1968.

Zeitgleich führte eine Klassenfahrt Schülerinnen und Schüler aus einem kleinen Städtchen in Sachsen für eine Woche in die Sundstadt. Sie waren ebenfalls in der Jugendherberge Am Kütertor einquartiert worden. Klar, dass sich die französischen und sächsischen Gäste näherkamen. Just zu der Zeit, als die Sachsen eintrafen, waren die Franzosen mit ihrem Arbeitseinsatz fertig und begannen ihre Ferien. Auf dem Freigelände zwischen Mauerhaus und Wasserkunst standen Gartenmöbel, ein

Treffpunkt, der ideale Voraussetzungen für ein gegenseitiges Kennenlernen und Beschnuppern bot. Die Jugendlichen saßen zusammen, plauderten und lachten. Ausgelassen schwenkten sie im Hof Milchflaschen (über deren Inhalt leider nichts bekannt ist ...) während sie lauthals, mehr oder weniger schön, dafür aber umso inbrünstiger, den Song „No milk today“ von der Gruppe Herman's Hermits schmetterten.
Zwei waren sich auf Anhieb symphatisch, ja es funkte sogar recht schnell zwischen ihnen. Ich nenne sie mal Yvette und Paul. Die hübsche Nordfranzösin und der attraktive Sachse verbrachten viel Zeit zusammen, hielten Händchen, tauschten schüchterne Küsse aus und schlenderten durch die mittelalterlichen Gassen und Straßen Stralsunds. Die einfachste Art der Verständigung und seit alters her bewährt. Was bleibt auch sonst übrig, wenn man unterschiedliche Sprachen spricht und sich mag? Einzig das mangelhafte Englisch der beiden ermöglichte überhaupt eine, wenn auch eher spärliche, Unterhaltung. Aber das kompensierten sie durch Gestik und Mimik.
Oft trafen sie sich auf dem Neuen Markt mit den anderen Schülern aus der Jugendherberge in der Milchbar, dem angesagten Lokal dieser Zeit. Kein Wunder also, dass der Laden oft überfüllt war, was Paul und Yvette nichts ausmachte. Am halbrunden Tresen im ersten Stock schlürften sie Cocktails und Milchshakes. Fanden sie keinen Platz mehr, setzte sich das frischverliebte Paar einfach auf die Ränder der Blumenkübel vor dem Lokal.
An ruhigeren Tagen waren Yvette, Paul und die anderen stundenlang in der Milchbar. Sie amüsierten sich prächtig, lachten und scherzten. An solch einem lauen Abend rauchte Paul erstmals in seinem Leben Gitanes, die Kultzigaretten der Franzosen. Die ungewohnten Glimmstengel gepaart mit den Cocktails bescherten Paul einen Kater vom Feinsten. Glücklicherweise konnten die Franzosen mit Aspirin aushelfen. Eine weitere Premiere für Paul.

Schließlich drohte das Ferienende und damit nahte der Abschied von Stralsund und zwischen Yvette und Paul. Es fiel beiden sehr schwer, sie tauschten ihre Adressen aus, versprachen sich regelmäßig zu schreiben. Wie das bei den Sprachschwierigkeiten gehen sollte? Egal, sie würden schon einen Weg finden. Yvettes Ferien in Stralsund waren noch nicht vorbei und schon schrieb sie die erste Postkarte an Paul, die übrigens damals 25 Pfennig kostete. Später folgten weitere Karten und Briefe, die im Laufe der Zeit spärlicher wurden, bis der Schriftwechsel schließlich verebbte. Die schöne gemeinsame Zeit in der Jugendherberge am Kütertor in Stralsund war Vergangenheit, aber die Erinnerung blieb und eine Postkarte.

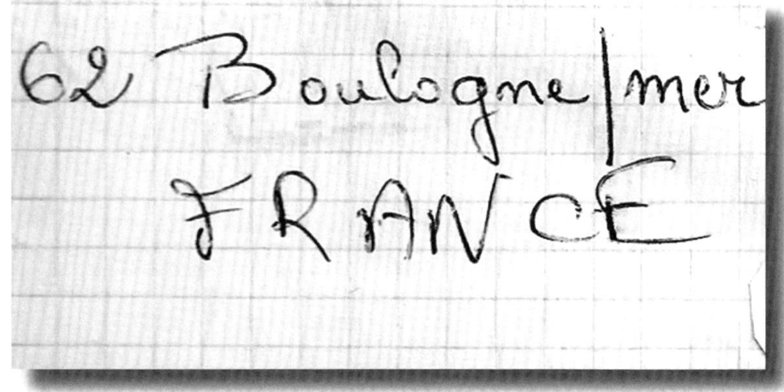
62 Boulogne/mer
FRANCE

Handgeschriebener Adresszettel von Yvette für Paul 1969.

1977 begannen Jugendbrigaden aus verschiedenen Betrieben das inzwischen verfallene jahrhundertealte einstige Torschließerhaus wieder aufzubauen. Das Areal der Jugendherberge wurde damit ein weiteres Mal vergrößert. Neben dem Grundstein wurde eine Metallkassette mit Münzen, Tageszeitungen, einer Kopie der Grundstücksurkunde und ein Foto des gesamten Jugendherbergskomplexes „Grete Walter“ ins Fundament

eingebuddelt. Schon im Herbst 1978 konnte das Jugendcafé mit 90 Sitzplätzen eröffnet werden.
Im Gegensatz zur Brieffreundschaft von Yvette und Paul bestand die Städtefreundschaft mit Boulogne-sur-Mer weiterhin. Zwanzig Jahre später traf sich erneut eine Lehrerdelegation aus Frankreich zum Erfahrungsaustausch mit den Stralsundern. Noch immer übernachteten viele Gäste aus allen Teilen des Landes und befreundeten Auslandes am und im Kütertor.
Zum großen Bedauern vieler Stralsunder und auswärtiger Gäste schlossen sich 2003 die Tore dieser legendären Jugendherberge für immer. Das Areal wechselte in private Hände. Lange Zeit standen die Gebäude leer, dann begann die Instandsetzung der Wasserkunst, des Kütertores und der anderen älteren Gebäude. Gleichzeitig entstanden zwei Neubauten auf dem Gelände. Im Stadtteil Devin gibt es heute eine moderne, freundliche und vielbesuchte Jugendherberge mit direktem Zugang zum Wasser.
Ach übrigens, Paul hat Stralsund nicht vergessen. Nach vielen Umwegen, die das Leben ihm brachte, wohnt er seit einigen Jahren in der Nähe Stralsunds, und immer wenn er am Kütertor vorbeigeht, erinnert er sich an die tollen Ferien 1969 und an Yvette und ihre Postkarte.

Bühne frei auf der Freilichtbühne

Eine Freilichtbühne in Stralsund, das wär was, dachten sich die Menschen in der Sundstadt in den späten 1950er-Jahren. Nach reiflichen Überlegungen der Stadtoberen wurde beschlossen, sie zu bauen. Ein Platz war schnell gefunden, nämlich der Egnersche Obstgarten, ein geschichtsträchtiges Gelände. Der Obstgarten war Anfang des 20. Jahrhunderts großzügig angelegt und bepflanzt worden, teilweise sogar mit farbenprächtigsten exotischen Gewächsen. Später gelangte er in den Besitz des Vereins Bürger-Ressource, der das Gelände für Sommerfeste und Freiluftkonzerte nutzte. Der Ort bot die besten Voraussetzungen für eine Freilichtbühne und war außerdem gut erreichbar. 1958 war es so weit. Arbeiter aus Stralsunder Betrieben und Mitarbeiter des Rates der Stadt begannen in freiwilligen Einsätzen im Rahmen des Nationalen Aufbauwerkes die lang ersehnte Freilichtbühne am Knieperdamm zu bauen. Allerdings kamen sie zunächst nicht so richtig voran. Bautechnische Schwierigkeiten verzögerten die Arbeit. Aber zum Beginn der Ostseewoche 1960 war dann doch alles fertig. Die Stralsunder waren begeistert und schlossen den neuen Veranstaltungsort sofort in ihr Herz. Von Anfang an war die Freilichtbühne überaus beliebt, die Veranstaltungen gut und zahlreich besucht. Manchmal tummelten sich bis zu 6000 kleine und große Zuschauer auf den Tribünen. Hauptspielzeit war natürlich der Sommer.

Viele bekannte Gesichter der DDR-Kulturszene, Schauspieler, Sänger, Musikgruppen und Fernsehdarsteller gaben sich in Stralsund ein Stelldichein. Zu Gast waren unter anderem Manfred Krug und Uschi Brüning oder das Musik-Duo Klaus-Dieter Henkler & Monika Hauff. Auch die Fernsehlieblinge aus dem DDR-Kinderfernsehen rund um Pittiplatsch waren gern zu Gast in Stralsund. Im Juli 1963 warteten die Kinder neugierig und gespannt, zunächst jedoch ausnahmsweise vergeblich, auf ihre Fernsehlieblinge. Dauerregen verzögerte die Ankunft von Meister Nadelöhr und den anderen Figuren. Nur Pittiplatsch war rechtzeitig eingetroffen, rettete die Situation und überbrückte unterhaltsam die Wartezeit. Endlich kamen der sehnsüchtig erwartete Meister Nadelöhr, Schnatterinchen und die anderen auf die Bühne. Das war ja noch mal gut gegangen. Die Zuschauer atmeten auf, lehnten sich entspannt zurück und folgten zufrieden den Darbietungen.

Auch die immerhin zwölfmal zur beliebtesten Gruppe der DDR gewählte Band „Die Puhdy's" gab ein gut besuchtes Konzert auf der Freilichtbühne, übrigens war das einer ihrer ersten Auftritte überhaupt.

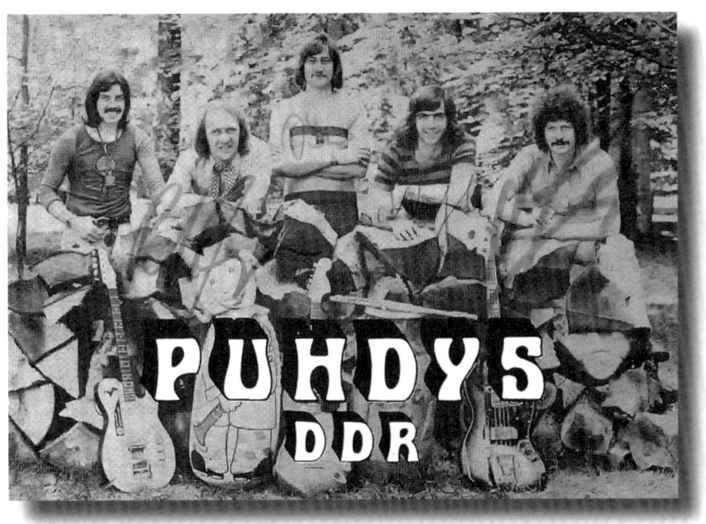

Autogrammkarte der Puhdys in den 1960er-Jahren.

Ab 1965 fanden die „Sommerfilmtage der DDR" statt. Auch zu diesen Veranstaltungen waren häufig namhafte Schauspieler vor Ort wie beispielsweise Armin Mueller-Stahl und Ursula Karusseit. Das Filmangebot war gut gemischt, sodass für jeden etwas dabei war. Da wurde zum Beispiel „Der Hexer" von Edgar Wallace gezeigt, französische Filme, Streifen der beliebten „Olsen-Bande" und natürlich durften auch Filme mit Gojko Mitić nicht fehlen. Der Serbe war im Volksmund zum „DEFA-Chefindianer" aufgestiegen, weil er mit dem ersten ostdeutschen Indianderfilm „Die Söhne der großen Bärin" einen gewaltigen Erfolg verbuchen konnte. Die Jugendlichen liebten ihn und sahen begeistert seine Filme. 1970 war es den Verantwortlichen der

Stadt Stralsund sogar gelungen, die DDR-Premiere des DEFA-Films „Tödlicher Irrtum“ auf die Freilichtbühne am Knieperdamm zu holen und nicht nur dieser neueste Streifen mit Gojko Mitić wurde gezeigt, nein, er und einige Schauspielkollegen waren persönlich anwesend. Das war eine echte Sensation. Über 3000 Besucher bejubelten die Akteure bei dieser besonderen Veranstaltung.

Mit Zäunen verbundene Verkaufsbuden begrenzten den Platz, damit niemand das Gelände betrat, ohne Eintritt zu bezahlen. Die Buden waren so konzipiert, dass sie beidseitig zu öffnen waren. In der Woche war die Luke, die zum Freilichtgelände hin zeigte, offen, am Wochenende die zur Straße. Dort wurden Würstchen, Getränke und Süßkram verkauft. In einer Bude befand sich der Eintrittskartenverkauf und gleichzeitig der Ein- und Ausgang. Wenn Veranstaltungen liefen, war der Knieperdamm für den gesamten Durchgangsverkehr komplett gesperrt. Nicht alle waren mit dieser Lösung glücklich. Auf der anderen Straßenseite, gegenüber der Freilichtbühne, stehen wunderschöne Villen aus der Gründerzeit, deren Bewohner sich wegen des Lärms und der Straßensperrung regelmäßig bei der Stadt beschwerten. Ohne Erfolg. Die Freilichtbühne wurde weiterhin regelmäßig bespielt.

Erst nach der Wende geriet die einst so beliebte Kultureinrichtung langsam in Vergessenheit und wurde kaum genutzt. Das endgültige Aus war nur noch eine Frage der Zeit. 1997 war es so weit. Über dreißig Jahre hatten viele Stralsunder unterhaltsame, spannende und gefühlvolle Stunden an diesem Ort verbracht. Nun wurde die Bühne, auf der so viel Prominenz zu Gast gewesen war, schnöde abgerissen. Die Stralsunder trauerten ihr lange nach und manche sagen mit einem Seufzer: „Ja, ja, die Freilichtbühne, das war schon eine tolle Sache!“ Oder „Meine Güte, wie oft war ich da.“ Oder „Ich kann mich noch gut erinnern, bei einem Konzert war ich hochschwanger, aber es war so toll

und ich wollte unbedingt hin, ist ja auch gut gegangen.“ Oder „Die Puhdy’s, ja klar, na, das Konzert war einfach so klasse, eine Bombenstimmung. Alle haben mitgesungen. Das vergesse ich mein Lebtag nicht.“
So viele schöne Erinnerungen an die sommerlichen Veranstaltungen unter freiem Himmel auf der leider verschwundenen Freilichtbühne am Knieperdamm. Aber oft, wenn die Stralsunder dort vorbeigehen, ein bisschen die Augen zusammenkneifen und sich das neu gebaute Altersheim wegdenken, dann sehen sie sich selbst wieder begeistert dort sitzen. Hören die Bäume rauschen und in ihren Ohren klingt es fast so wie das schöne Lied von den Puhdys „Alt wie ein Baum“. Im Sog der hochschlagenden Emotionen haben sie sich gewiegt und von der Stimmung einfach mitreißen lassen. Für immer unvergessen und grandios. Und für einen klitzekleinen Moment nur, einen winzigen Augenblick, kehrt es zurück, das Gefühl von damals.

Mittagstreff beim Doktor

Zwei Bezeichnungen gab es unter Insidern für ein und dieselbe Sache, „Doktor“ oder „Ofen eins und zwei“. Das klang dann etwa so:
„Sag mal, sehen wir uns heut Mittag beim Doktor?“
„Klar, ich komm rüber zu Ofen zwei.“
„Wenn da Platz ist, sonst eben bei Ofen eins.“
„Ja, geht klar.“
Dialoge für Verabredungen in einer Stralsunder Institution, Wothkes Probierstuben in der Heilgeiststraße. Eine urgemütliche Biergaststätte mit Tagesbetrieb. Heimelig wie das Wohnzimmer zu Hause, nur nicht so ruhig, denn meist brummte der Laden. Das Lokal bestand aus zwei Räumen. Rechts befand

sich das Kapitänszimmer mit einem großen runden Tisch in der Mitte und Bänken an der Wand, unterteilt in kuschelige Nischen. Links stand der Tresen mit Zapfhahn, meist umlagert von durstigen Kehlen. Das frisch gezapfte Stralsunder floss in Strömen. Wer sein Bier sofort wollte, musste sich irgendwie nach vorne durchdrängeln. Die andere Möglichkeit war, sich gemütlich im großen Saal hinter dem Tresen an einen der Tische zu setzen, auf gedrechselte, stabile Stühle mit einer hohen Lehne, verziert mit Wappen in Intarsientechnik. Die Bestellung konnte man vor Ort bei einem netten, hübschen Mädel aufgeben.

Die Bedienungen und die Wirtsleute waren flott, wussten sie doch, dass ihre durstigen Gäste nur ungefähr eine halbe Stunde Zeit hatten, um ein bis drei oder mehr kühle frischgezapfte Pils durch die Kehle rauschen zu lassen, ein Schnäpschen zu trinken und eine Kleinigkeit zu essen. Für hungrige Mäuler wurden einfache Gerichte angeboten. Bockwurst mit Brot oder Kartoffelsalat, Spiegeleier oder eine Soljanka. Service wurde großgeschrieben und so konnte man sich vor Ort sein Feuerzeug auffüllen lassen.

Sogar für empfindliche Biertrinker war gesorgt. Gäste, die das kalte Gebräu aus dem Zapfhahn nicht mehr vertrugen, bekamen einen Tauchsieder und konnten so individuell ihr geliebtes Mittagsgetränk anwärmen. Die Preise waren insgesamt moderat. Ein kleines Bier kostete beispielsweise 51 Pfennig, ein großes 1,02 Mark. In Wothkes Probierstuben sollten sich schließlich alle Gäste wohlfühlen. Das war allgemein bekannt und so strömten den ganzen Tag über die Werktätigen, egal ob Handwerker, Arbeiter, Verkäufer oder Büroangestellter, in die gemütliche Kneipe. Selbst die Theaterleute kamen gern hierher, vom Schauspieler bis zum Kulissenschieber. Auch im größten Betrieb hatten die Wirtsleute ein offenes Ohr und ein nettes Wort für ihre Gäste. Jeder war willkommen und gern gesehen.

So ganz nebenbei bot die von allen Seiten gut erreichbare Biergaststätte stets das Neueste vom Neuesten. Was man hier nicht erfuhr, gab es nicht und war nicht geschehen.
Im allgemeinen Trubel segelten Wortfetzen durch die Luft: „Hast du schon gehört?“ Oder „Kannst du dir das vorstellen ...?“ Oder „Ist deine Kleine wieder auf dem Damm?“ Oder „Kommt ihr am Wochenende raus zum Grillen?“ Oder „Mensch, ich hab endlich meine Bretter gekriegt.“ Oder „Mein Platz im Ferienheim auf Rügen ist klar.“ Oder, oder, oder. Das Stimmengewirr waberte durch die bierdunstgetränkte Luft. Kaum vorstellbar, aber inmitten des Lärms saßen einzelne Gäste still in einem Eck, beteiligten sich an keinem Gespräch, lasen, schrieben oder sahen Unterlagen durch und tranken nebenher ihr Bierchen.
Unter den Werktätigen in der Stadt war es ein geflügeltes Wort: „Ich muss mal eben zum Doktor.“ Das klang doch viel besser als: „Ich geh in die Kneipe.“ Das Bier floss täglich in Strömen, also fast. Leider gab es Tage, an denen der Zapfhahn von jetzt auf gleich versiegte. Das war natürlich Schiet, dann hatte die Brauerei entweder vergessen, Nachschub zu liefern oder das Bier war eben einfach alle. Dann hieß es: „Leute, das Bier ist alle, es gibt nur noch Schnäpschen, was zu essen und dann machen wir für heute dicht.“ So gegen 18.00 Uhr war sowieso Schluss. Sein Feierabend-Bierchen trank man woanders.
Fast vergessen, warum sprach man im Zusammenhang mit dieser Kneipe von Ofen eins oder zwei? Wothkes beide Schankräume waren selbstverständlich wintertauglich, sie verfügten nämlich jeweils über einen Ofen. So traf man sich entweder im Kapitänszimmer oder im Saal, eben an Ofen eins oder zwei, unter Kennern geläufige Bezeichnungen.
Die Biergaststätte rettete sich über die Wendezeit hinweg. Erst 1994 schlossen sich zum Leidwesen vieler ehemaliger Gäste die Kneipentüren für immer. So viele Erlebnisse und Erinnerungen hingen mit dem Haus in der Heilgeiststraße und seinem

besonderen Flair zusammen. Es steht schon lange leer, sieht ziemlich traurig und verlassen aus. Aber wer weiß, die Hoffnung stirbt zuletzt. Vielleicht erinnert sich ja irgendwann jemand an die Geschichte des Hauses und belebt sie neu. Niemand wäre darüber glücklicher als die Stralsunder!

Die Lütte quietscht

Seit dem 25. März 1900 gehörte Stralsund zu den Städten, in die die Moderne Einzug hielt. Die Stadt bekam ihre „Elektrische", ihre Straßenbahn. Was für ein Ereignis! Rat und Bürgerschaft hatten es geschafft. Das damals modernste innerstädtische Verkehrsmittel zockelte nun auch in der Stadt am Sund durch die engen Straßen und Gassen. Die Bewohner liebten ihre „Lütte" vom ersten Moment an und waren mächtig stolz auf sie.
Anfangs war die Bahn auf drei Strecken unterwegs, später wurde das Netz auf zwei Linien reduziert. Sie kreuzten sich an der Ecke Heilgeist-/Ossenreyerstraße. Noch heute nennt der Volksmund diese Stelle „Ostkreuz". Von dort bog die eine Linie Richtung Hafen ab, während die andere zwischen Kniepervorstadt und Bahnhof pendelte. Wer mitfahren wollte, musste laut rufen. Von morgens früh um 7.00 Uhr bis abends um 22.00 Uhr transportierte die Lütte ihre Fahrgäste zuverlässig durch die Stadt.
Zunächst fuhr die Bahn munter drauflos, denn es gab keine festen Haltestellen. Das Fahrgeld warf man in eine Zahlbox, die der Fahrer über einen Spiegel beobachten konnte. Meist war die Bahn aber richtig voll und der arme Fahrer konnte unmöglich erkennen, was genau im Kasten landete. Ein Paradies für Schwarzfahrer, die leichtes Spiel hatten. So fand man in der Box häufig statt Münzen Knöpfe oder Metallplättchen. Dabei war der Fahrpreis erschwinglich.

Es kostete, unabhängig von der Länge der Strecke, 10 Pfennig. Sechzehn Jahre lang ging das so. Danach fuhren fesche Schaffnerinnen mit, die das Fahrgeld kassierten. Ein Jahr später gab es feste Haltestellen. Jahrzehntelang fuhren die Stralsunder vergnügt mit ihrer Lütten durch die Stadt. Wobei nicht verschwiegen werden soll, dass es auch kritische Stimmen gab. Im Stadtarchiv fand ich folgende Aussage von einem Unbekannten, der für diese technische Neuerung offenbar nicht viel übrig hatte:„Ne, ick führ kein Lektrische – in son Gestell süll ick mi setten? Lewer will ick loopen, dat mi de Tung ut'n Hals hängt!"
Fast bis zum Ende des Zweiten Weltkrieges zockelte die Bahn durch die Stadt. Im Oktober 1944 zerstörten Bomben das Elektrizitätswerk, das Straßenbahndepot, viele Triebwagen und Gleisanlagen.
Nur wenige Jahre nach Kriegsende fuhr die Elektrische wieder quietschend durch die Stadt. Das laute Quietschen war übrigens ein echtes Phänomen. Geübte Straßenbahnfahrer konnten an der Lautstärke erkennen, wo sich die Bahn gerade befand. Ist natürlich übertrieben, stimmt aber fast. Die Schienen beschrieben an vielen Stellen fast einen 90°-Winkel. Für so ein zwar modernes, aber dennoch behäbiges Verkehrsmittel wie eine Straßenbahn eine echte Herausforderung. In den engen Kurven sprang die Bahn gelegentlich aus den Schienen, rumpelte einfach weiter und landete nach wenigen Metern wieder in der Spur. Daran waren die Fahrgäste gewöhnt, das störte niemanden. Auch mit der Lärmbelastung gingen die Stralsunder eher gelassen um.
Im ganzen Umland war die Bimmelbahn bekannt. Vermutlich beneideten andere Städte die Stralsunder um dieses moderne und beliebte Verkehrsmittel. Für Gäste, Kinder, ja ganze Schulklassen aus der nahen und fernen Umgebung gehörte bei einem Stralsund-Besuch eine Fahrt mit der Elektrischen unbedingt dazu.

Aus verkehrstechnischer Sicht heute undenkbar, verliefen die Schienen damals völlig ungeschützt in der Straßenmitte. Fußgänger waren gefordert und mussten mächtig aufpassen, damit sie nicht unter die Räder kamen. Nicht immer ging das gut aus, Unfälle und Zusammenstöße passierten leider immer wieder. Die Strecke durch das Kniepertor galt als besonders gefährlich. Für die Sicherheit der Fußgänger und Fahrradfahrer hatten die Stadtväter durch den Abriss des neben dem Tor liegenden Hauses gesorgt. Da die Knieperstraße aber abschüssig war, bekam die Lütte so richtig Schwung. Im Winter bei Eis und Schnee sauste sie nicht selten auf den glatten Schienen mit vollem Karacho durch das Tor über die Straße, bis endlich die Bremsen griffen und die Fahrer sich vermutlich den Schweiß von der Stirn wischten und aufatmeten.

Begeistert feierten die Stralsunder am 25. März 1950 das 50-jährige Jubiläum ihrer Lütten. Seit einem halben Jahrhundert gondelte sie nun, nur unterbrochen durch die Kriegszerstörungen, zuverlässig quietschend durch die Stadt. Zu diesem besonderen Ereignis ließen die Stadtväter Jubiläumsfahrscheine ausgeben, auf der Rückseite mit zwölf verschiedenen Ansichten Stralsunds bedruckt. Wer die aufbewahrte, konnte mit etwas Glück Sammelfahrscheine oder einen Ehrenfahrschein im Wert von 150 Mark gewinnen, einlösbar bis Ende der 1950er-Jahre.

Zu dieser Zeit nutzten jährlich nahezu sechs Millionen Fahrgäste die Straßenbahn. Das war ein durchweg zufriedenstellendes Betriebsergebnis. Ungefähr alle acht Minuten kam eine Bahn. Im Gegensatz dazu waren die inzwischen parallel eingesetzten Busse häufig unpünklich, ständig überfüllt und teuer.

Nicht nur Einkaufstouren erledigte man mit der Elektrischen, sondern z. B. Familienausflüge. Während der Fahrt konnte man herrlich aus dem Fenster gucken, sehen, wer so in der Stadt unterwegs war. Oder die Auslagen der Geschäfte von oben betrachten, denn die Bahn fuhr aufgrund der technischen Gegebenheiten recht langsam durch die Stadt. So saß man trocken und warm und sparte es sich, bei Schmuddelwetter zu Fuß zu gehen.

Straßenbahn Linie 1, die Lütte am Bahnhof um 1950.

Besonders im Winter bei Dunkelheit und Kälte verbreitete die gute, treue Elektrische ein wohliges Gefühl, wenn ihre Scheinwerfer die Straße erhellten, sie Wartende aufnahm und sicher nach Hause brachte. Aber zu Beginn der 1960er-Jahre begannen die Stadtväter darüber nachzudenken, ob eine Straßenbahn wirklich noch zeitgemäß war. Sie wollten zumindest die Straßenbahnstrecken verkürzen, die die Busse übernehmen sollten, weil sie flexibler einsetzbar sind.

Natürlich beschäftigten sich die Zeitungen mit diesem Thema. In den „Norddeutschen Neuen Nachrichten“ erschien am 16. März 1960 ein Artikel, der für den Verbleib von „de oll Stratenbahn“ plädierte. Nachfolgend ein Auszug: „Wenn auch gegen die Fortnahme der Bahn aus dem Apollonienmarkt und der Ossenreyerstraße wegen der Enge der Straßen nichts einzuwenden ist, so wäre es bedauerlich, die Bahn vom Bahnhof fortzunehmen. Stralsund hat einen regen Durchgangsverkehr und auf die meisten Reisenden wirkt eine Stadt mit Straßenbahn großstädtischer als ohne Bahn ...“

Aber es half alles nichts. Schon Ende Juli 1960 wurde der Abschnitt Ossenreyerstraße–Hauptbahnhof für die Straßenbahn gekappt. Im August stellte die Lütte ihren Betrieb durch die Innenstadt zum Hauptbahnhof komplett ein. In relativ kurzer Zeit veränderte sich nochmals die Linienführung der zwei verbliebenen Strecken. Um die Stadt zu entlasten, übernahm der bezirksgeleitete VEB Kraftverkehr und Spedition 1962 den Straßenbahnbetrieb. Dennoch, in den folgenden drei Jahren dachte die Bezirksleitung darüber nach, den Straßenbahnverkehr endgültig einzustellen. Die Instandhaltung der Gleisanlagen und der in die Jahre gekommenen Triebwagen erwies sich zunehmend als unrentabel.

Das Ende des beliebtesten Stralsunder Verkehrsmittels nahte unaufhaltsam mit großen Schritten. In der Nacht vom 7. auf den 8. April 1966 ging die Lütte, wie immer laut quietschend, auf ihre letzte Fahrt. Wüsste man es nicht besser, hätte man meinen können, sie stöhnte noch einmal herzzerreißend laut und heftig auf. Nach 66 wechselvollen Jahren war die Ära der Stralsunder Straßenbahn unwiderruflich vorbei. Etliche Triebwagen landeten auf dem Schrottplatz, zwei wurden in andere Städte verkauft. Die Stralsunder aber trauerten ihrer oll’n Bahn noch lange nach: „Weg ist sie, uns’re ‚Lütte‘ quietscht nu’ nich’ mehr.“

Erst lange nach der Wende, im Juni 2000, gab es ein kurzes Wiedersehen. Die Stadt feierte das 100-jährige Jubiläum der Straßenbahn und dazu kehrte für wenige Tage der Triebwagen mit der Nummer 15 frisch aufgepeppt in seine alte Heimat zurück. Vor dem Kulturhistorischen Museum (heute Stralsund-Museum) in der Mönchstraße öffnete er noch mal seine Türen zur Besichtigung. Die Stralsunder kamen in Scharen, um die Gelegenheit beim Schopf zu packen und in Erinnerungen über ihre Bahn zu schwelgen. Es schien, als sei die Zeit stehen geblieben. Als der Spuk vorbei war, blieb ein kleiner Trost. Der Triebwagen 15 fährt weiter in anderen Städten. Nach einer Generalüberholung landete er 2007 in Naumburg.

Verlauf der Straßenbahnschienen im Frankendamm, nachgebaut aus Edelstahl.

In Stralsund besann man sich bei der Erneuerung des Frankendamms vor einigen Jahren an die Lütte und setzte ihr an einer Haltestelle mit Schienenstücken und eingelassenen Tafeln ein Denkmal. Wenn man dort steht, kann es passieren, dass man ein lautes Quietschen hört. Aber das ist wohl nur eine Sinnestäuschung ...

Ein Fisch namens Bismarck

Eine wichtige, ja eine herausragende Rolle spielte er in Stralsund schon immer, dieser Fisch. Nach Verleihung der Stadtrechte 1234 begann ein ausgedehnter Fernhandel, auch mit ihm. Schon bald schloss Stralsund sich dem Bund der Hanse an und wurde zu einer reichen und mächtigen, einer bedeutenden Hansestadt.
Im Sund, der Meerenge zwischen der Insel Rügen und Stralsund, tummelten sich unglaubliche Mengen dieser schmackhaften, schlanken und eleganten Silberlinge namens Hering. Als Schwarmfisch fühlt er sich unter seinesgleichen wohl und kann bis zu zwanzig Jahre alt werden. Schon früh avancierte dieser wohlschmeckende und gesunde Fisch zum Exportschlager. Die Jahrhunderte konnten ihm nichts anhaben, er behielt seine Bedeutung als wichtiges, preiswertes und gesundes Nahrungsmittel bis zum heutigen Tag.

Titelblatt Schriftenreihe „Köstliches vom Salzhering“ 1961.

Im 19. Jahrhundert öffneten in Stralsund etliche Einzelhandelsgeschäfte ihre Türen, darunter zahlreiche Fischhändler. Es war wichtig, die frischen Fische so rasch wie möglich zu verkaufen, denn schließlich war die Lagerung der Ware zeitlich begrenzt. Am Neuen Markt in Stralsund erwarb der Kaufmann Johann Wiechmann 1853 ein Giebelhaus. 1866 eröffnete er im Erdgeschoss ein Fischgeschäft. Außerdem erhielt er zusätzlich eine Schankgenehmigung für Spirituosen. Neben anderen Arten verkaufte er Heringe lose oder in kleinen Fässern. Seine Frau Karoline entgrätete die Fische, filetierte sie und legte sie sauer ein. Was das Kreieren schmackhafter Marinaden betraf, war ihr Einfallsreichtum groß. Eine Marinade kam bei den Kunden besonders gut an, wodurch Johann Wiechmann auf eine ungewöhnliche Idee kam.

Titelblatt Schriftenreihe „Säubern, Säuern, Salzen“ 1960.

Wie viele Menschen seiner Zeit verehrte der Fischhändler Otto von Bismarck. Was lag also näher, als diesem einmal eine Freude zu machen? So schickte er eines Tages ein Fässchen

Heringe in der wohlschmeckenden Marinade auf die Reise von Stralsund nach Berlin zu Otto von Bismarck. Wiechmann und seine Frau warteten gespannt auf eine Reaktion. Sie kam recht prompt in Form eines netten Briefes. Bismarck bedankte sich herzlich und schrieb, dass ihm die Heringe samt Marinade wunderbar geschmeckt hätten.
Die Wiechmanns freuten sich sehr über diese positive Reaktion seitens Bismarcks. Sie waren stolz und überlegten sich, wie man diesen Erfolg kaufmännisch umsetzen könnte. Johann und Karoline entwickelten folgende Idee: Mutig schickten sie nach einiger Zeit wiederum ein Fässchen Heringe an Bismarck, diesmal aber verbunden mit einer schriftlichen Bitte. Wiechmann fragte unumwunden bei Bismarck an, ob er die Heringe in der wohlschmeckenden Marinade, erfunden von seiner Frau, nun offiziell „Bismarckheringe" nennen dürfte. Noch gespannter als beim ersten Mal wartete das Ehepaar auf Bismarcks Antwort.

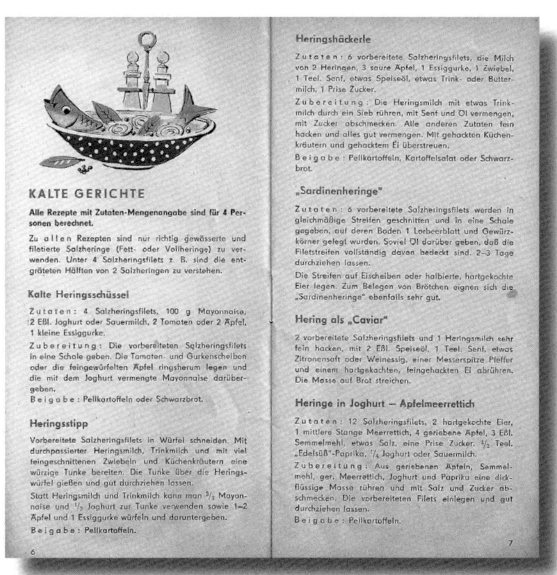

KALTE GERICHTE

Alle Rezepte mit Zutaten-Mengenangabe sind für 4 Personen berechnet.

Zu allen Rezepten sind nur richtig gewässerte und filetierte Salzheringe (Fett- oder Vollheringe) zu verwenden. Unter 4 Salzheringsfilets z. B. sind die entgräteten Hälften von 2 Salzheringen zu verstehen.

Kalte Heringsschüssel

Zutaten: 4 Salzheringsfilets, 100 g Mayonnaise, 2 Eßl. Joghurt oder Sauermilch, 2 Tomaten oder 2 Äpfel, 1 kleine Essiggurke.

Zubereitung: Die vorbereiteten Salzheringsfilets in eine Schale geben. Die Tomaten- und Gurkenscheiben oder die feingewürfelten Äpfel ringsherum legen und die mit dem Joghurt vermengte Mayonnaise darübergeben.

Beigabe: Pellkartoffeln oder Schwarzbrot.

Heringsstipp

Vorbereitete Salzheringsfilets in Würfel schneiden. Mit durchpassierter Heringsmilch, Trinkmilch und mit viel feingeschnittenen Zwiebeln und Küchenkräutern eine würzige Tunke bereiten. Die Tunke über die Heringswürfel gießen und gut durchziehen lassen.

Statt Heringsmilch und Trinkmilch kann man $^{2}/_{3}$ Mayonnaise und $^{1}/_{3}$ Joghurt zur Tunke verwenden sowie 1–2 Äpfel und 1 Essiggurke würfeln und daruntergeben.

Beigabe: Pellkartoffeln.

6

Heringshäckerle

Zutaten: 6 vorbereitete Salzheringsfilets, die Milch von 2 Heringen, 3 saure Äpfel, 1 Essiggurke, 1 Zwiebel, 1 Teel. Senf, etwas Speiseöl, etwas Trink- oder Buttermilch, 1 Prise Zucker.

Zubereitung: Die Heringsmilch mit etwas Trinkmilch durch ein Sieb rühren, mit Senf und Öl vermengen, mit Zucker abschmecken. Alle anderen Zutaten fein hacken und alles gut vermengen. Mit gehackten Küchenkräutern und gehacktem Ei überstreuen.

Beigabe: Pellkartoffeln, Kartoffelsalat oder Schwarzbrot.

„Sardinenheringe"

Zutaten: 6 vorbereitete Salzheringsfilets werden in gleichmäßige Streifen geschnitten und in eine Schale gegeben, auf deren Boden 1 Lorbeerblatt und Gewürzkörner gelegt wurden. Soviel Öl darüber geben, daß die Filetstreifen vollständig davon bedeckt sind. 2–3 Tage durchziehen lassen.

Die Streifen auf Eischeiben oder halbierte, hartgekochte Eier legen. Zum Belegen von Brötchen eignen sich die „Sardinenheringe" ebenfalls sehr gut.

Hering als „Caviar"

2 vorbereitete Salzheringsfilets und 1 Heringsmilch sehr fein hacken, mit 2 Eßl. Speiseöl, 1 Teel. Senf, etwas Zitronensaft oder Weinessig, einer Messerspitze Pfeffer und einem hartgekochten, feingehackten Ei abrühren. Die Masse auf Brot streichen.

Heringe in Joghurt – Apfelmeerrettich

Zutaten: 12 Salzheringsfilets, 2 hartgekochte Eier, 1 mittlere Stange Meerrettich, 4 geriebene Äpfel, 3 Eßl. Semmelmehl, etwas Salz, eine Prise Zucker, $^{1}/_{2}$ Teel. „Edelsüß"-Paprika, $^{1}/_{4}$ Joghurt oder Sauermilch.

Zubereitung: Aus geriebenen Äpfeln, Semmelmehl, ger. Meerrettich, Joghurt und Paprika eine dickflüssige Masse rühren und mit Salz und Zucker abschmecken. Die vorbereiteten Filets einlegen und gut durchziehen lassen.

Beigabe: Pellkartoffeln.

7

Heringsrezepte vom „Fischkoch" Heft 1, 1961.

Kurze Zeit später traf der ersehnte Brief ein. Das Ehepaar öffnete gespannt und voller Hoffnung das Schreiben. Sie atmeten auf. Otto von Bismarck schrieb ihnen, der Hering samt Marinade sei sehr schmackhaft und Wiechmann könne ihn gerne nach ihm benennen. Dies war die Geburtsstunde des „Original-Bismarckherings“ in Stralsund.
So weit, so gut. Viele Jahre wurde diese Kreation nun in der Hansestadt verkauft. Leider verbrannte der Original-Brief Bismarcks im Zweiten Weltkrieg während eines Bombenangriffs auf die Stadt. Der Name Bismarckhering verschwand und geriet während der DDR-Zeit weitestgehend in Vergessenheit, zumindest offiziell. Der Volksmund sprach weiter vom Bismarckhering, dazu war dieser Name viel zu sehr in den Köpfen verankert und die Stralsunder sind sehr stolz auf diese Geschichte.

Ein Rezept als Beispiel (Originalschreibweise):

Kalte Heringsschüssel

Z u t a t e n :

4 Salzheringsfilets
100 g Mayonnaise
2 Eßl. Joghurt oder Sauermilch
2 Tomaten oder 2 Äpfel
1 kleine Essiggurke

Z u b e r e i t u n g:

Die vorbereiteten Salzheringsfilets in eine Schale geben. Die Tomaten- und Gurkenscheiben oder die feingewürfelten Äpfel ringsherum legen und die mit dem Joghurt vermengte Mayonnaise darübergeben.

B e i g a b e:

Pellkartoffeln oder Schwarzbrot.

Die nächste Phase des Bismarckherings begann nach der Wende. Der einfallsreiche Stralsunder Henry Rasmus gründete eine Fischmanufaktur in der Stadt. Eine Urenkelin Johann Wiechmanns überließ dem frischgebackenen Fischhändler 1997 das Originalrezept des berühmten Herings. Die alte Tradition setzte sich fort. Damit aber nicht genug. 2008 schrieb Henry Rasmus wie einst Johann Wiechmann an die Familie Bismarck. Er bat darum, die Autorisierung zu erneuern, in seinem Geschäft wieder den „Original-Bismarckhering“ verkaufen zu dürfen.

Die Familie Bismarck freute sich, dass ein Stralsunder Fischhändler die würdige Nachfolge Wiechmanns antrat. Ferdinand Fürst von Bismarck verfasste ein Schreiben, in dem er Henry Rasmus bestätigte, dass er den Namen „Bismarckhering“ für seine Fischspezialitäten verwenden dürfe. Dieser Brief hängt gerahmt im Fischgeschäft in der Heilgeiststraße in Stralsund. Prominente Besucher der Hansestadt wie beispielsweise Bundeskanzlerin Angela Merkel, der ehemalige amerikanische Präsident George W. Bush oder das norwegische Prinzenpaar Mette Marit und Haakon sowie viele andere erhielten schon ein Präsent aus dem Hause Henry Rasmus mit schmackhaften Fischspezialitäten. Natürlich durfte ein Fässchen Original-Bismarckhering dabei nicht fehlen.

Ein Kutter schlittert durch die Stadt

Der Holzfischkutter WOG 115 wurde 1948 auf der VEB Boddenwerft Damgarten gebaut. Ihm folgten weitere Schiffe dieser Art, die als kleinere, moderne Fischereifahrzeuge für die junge aufstrebende DDR-Hochseefischereiflotte auf Fischfang gingen.

Nach nur einem Jahr Bauzeit lief der knuffige Kutter mit einer Länge von 17 m und einer Breite von 5 m vom Stapel.

Er war ausgelegt für drei bis vier Mann Besatzung und war so konstruiert, dass ihm auch Schwerwetter nichts ausmachte. Viele Jahre befuhr er die Ost- und Nordsee, hauptsächlich auf Herings-, Dorsch- und Schollenfang. Der erste Heimathafen war Saßnitz (SAS 95), später Stralsund (STR 190) und schließlich Wolgast (WOG 115).

1969 war eine Produktionsgenossenschaft in Ueckermünde Eigentümer. Das Holzschiff war zu dieser Zeit bereits arg mitgenommen, die Anzahl der Fangfahrten ging rapide zurück. Was nun? Erste Überlegungen der Eigner liefen in Richtung Außerdienststellung und anschließender Abwrackung des Schiffes. Aber es war noch nicht aller Tage Abend, denn eine weitere Idee war die Erhaltung des wackeren Kahns als Urlaubsschiff oder Museumsexponat. Hier kam das Meeresmuseum in Stralsund ins Spiel. Es erfuhr davon und reihte sich ein in die Riege der Kaufinteressenten. So ein Exponat im Hof würde die stetig wachsende Ausstellung der DDR-Fischereigeschichte des Museums aufgrund seiner großen historischen Bedeutung ungemein bereichern.

Das Meeresmuseum erhielt den Zuschlag. Zähe Verhandlungen folgten. Die Genossenschaft forderte zunächst 70 000 Mark, hoffte auf einen satten Gewinn, da sie selbst gerade mal 6000 Mark für das betagte Schiff bezahlt hatte. Auf 40 000 Mark konnte der Preis schließlich heruntergehandelt werden. Das war für das Museum akzeptabel und 1970 wechselte der Fischkutter samt Ausrüstung und komplettem Bordzubehör den Besitzer. Das Schiff ging auf seine letzte Seereise von Ueckermünde nach Stralsund. Ein riesiger Schwimmkran hob es aus dem Sund und setzte es auf einen eigens dafür konstruierten Metallschlitten neben dem Lotsenhaus am Hafen. Schon beim Bau des Schlittens hatten die Ingenieure und Arbeiter der Werft ganze Arbeit geleistet, aber es ging natürlich noch weiter. Letztendlich war für das Schiff der Standplatz auf dem Hof des Katharainenklosters vorgesehen. Wie sollte aber nun der 55 Tonnen schwere Kutter samt dem über 20 Tonnen schweren Schlitten durch die engen Straßen der Altstadt transportiert werden? Dieser entscheidenden Frage widmeten sich Werftmitarbeiter in den folgenden drei Jahren und entwickelten einen Plan, der als logistische Meisterleistung bezeichnet werden kann. Dank ihrer weisen Voraussicht war das Gestell, auf dem das Schiff ruhte, bereits so gebaut worden, dass es als Transportschlitten eingesetzt werden konnte und als Tüpfelchen auf dem i, auch als endgültiger Tragebock.

Am Freitag, den 2. Februar 1973, kündigte die Zeitung für den kommenden Tag weiträumige Sperrungen in der Stralsunder Altstadt an. Von morgens ganz in der Früh bis zum späten Abend sollte die Strecke vom Hafen über den Alten Markt bis zum Meeresmuseum wegen eines Spezialtransportes unpassierbar sein. Nanu, dachten sich die Stralsunder, was hat denn das zu bedeuten? Voller Neugier versammelten sich die ersten Frühaufsteher auf der Hafeninsel. Schnell wurde klar, worum es ging. Der Kutter WOG 115 sollte auf seine allerletzte Reise gehen. Immer mehr Schaulustige säumten den Weg des ungewöhnlichen Transportzuges.

Vier große Schwerlastwagen mit insgesamt 580 Pferdestärken ließen die Verantwortlichen vor den Schlitten spannen. Das Schiff wurde darauf mit 40 mm dicken Stahltrossen fest verzurrt und die Fahrt begann. Um die Reibung der Kufen mit dem Kopfsteinpflaster zu vermeiden, wurden diese mit Wasser gefüllt. Außerdem musste das Einbrennen der Kufen in den Asphalt verhindert werden. Dieses Problem lösten die Spezialisten der Werft dadurch, dass sie Bleche unter den Schlitten schoben, auf denen sie zentnerweise Schmierseife verteilten, damit das Schiff darübergleiten konnte. Sobald es die Bleche passiert hatte, holten die Helfer die Bleche von hinten wieder nach vorne und legten sie erneut unter. So ging es im Zeitlupentempo Richtung Katharainenkloster. Die Zuschauer verstanden, warum die Straßen so lange gesperrt werden mussten. Nach acht Stunden passierte der Kutter unter dem Jubel der Zuschauer die Heilstraße, Höhe Kütertor. Nun waren es nur noch wenige hundert Meter zum Hof des Meeresmuseums, doch für diesen Weg brauchte man vier Stunden. Für eine Strecke von insgesamt 1,5 Kilometern war der ungewöhnliche Schiffstransport ganze zwölf Stunden unterwegs gewesen.

Kutter „Reichwein" passiert das Kütertor, 1973.

Viele Schaulustige hatten durchgehalten und verfolgten gespannt die Ankunft des Transports auf dem Hof des Katharinenklosters. Dank der guten Arbeit der Verantwortlichen kam das Schiff unbeschadet und ohne größere Zwischenfälle an. Alle atmeten auf, als der Fischkutter WOG 115 sicher vor dem Meeresmuseum stand. Die Spezialisten und Helfer der Werft erhielten von allen Seiten und sogar von höchster Stelle ihr verdientes Lob für diese spektakuläre Aktion. Ihre Arbeit war getan.

In den Jahren auf der Hafeninsel war das Schiff den wechselnden Witterungsseinflüssen ungeschützt ausgesetzt gewesen, wodurch es sich leider in einem bedauernswerten Zustand befand. Nun waren die Mitarbeiter des Meeresmuseums gefragt. In liebevoller Kleinarbeit und mit viel Herzblut verwandelten sie den betagten Kutter in ein Schmuckstück. Ein weiteres Exponat der Fischereiausstellung erstrahlte in neuem Glanz.
Jetzt fehlte nur noch der Name. Nach eingehenden Überlegungen entschied man sich für die Kennung von Saßnitz SAS 95 und den Namen Adolf Reichwein. Das war ein deutscher reformfreudiger Hochschullehrer und Museumspädagoge, der während des Krieges im Widerstand gewirkt hatte. Damit die Besucher das Schiff nicht nur von unten bewundern können, wurde eine Treppenkonstruktion angebaut, die es ermöglicht, einen Blick in das Innere zu werfen.
Seit über 40 Jahren steht der stolze Kutter im Hof des Meeresmuseums in Stralsund. Die wechselnde Witterung beansprucht ihn weiterhin stark. Deshalb sind immer wieder kleinere und größere Reparaturarbeiten notwendig. Vor einigen Jahren wechselten Schiffbauer etliche Meter Planken aus, damit die Außenhaut wieder dicht wurde. Danach erhielt die Adolf Reichwein einen neuen Anstrich und erstrahlte wie in alten Zeiten. Legionen von Gästen und Einheimischen sind bis heute an ihm vorbeiflaniert, haben ihn bewundert und bestaunt. Den Stralsundern ist der betagte Kutter sehr ans Herz gewachsen und sie wünschen sich, dass er noch viele Jahre im Hof des altehrwürdigen Katharinenklosters stehen bleibt.
Was das Schiff dazu sagt, wissen wir leider nicht. Ob ihm der Standplatz an Land gefällt? Zumindest hat er ja Stil. Aber was können wir ihm denn nun wünschen? „Allzeit eine Handbreit Wasser unter dem Kiel“ passt ja nicht so richtig. Vielleicht eher „Holl’ di stief“, du Veteran des Fischfangs aus einer längst vergangenen Zeit.

Viel Blech und ein Wandteppich

Die Zeit war reif für einen neuen Industriebetrieb unter dem Motto „Fisch aus dem Meer – Köstliches aus der Dose“. Geplant war ein Blechpackungswerk als wichtiger Zulieferbetrieb der Fischwirtschaft. Die kontinuierlich im Hafen angelandeten Fänge verlangten nach einer zeitnahen Konservierung und einer passenden, ansprechenden Verpackung. Kreative Köpfe entwarfen die beliebten, mehrfarbig bedruckten Fischdosen, an die sich viele Stralsunder gern erinnern. Ein Standort war schnell gefunden. Vor den Toren der Altstadt in der Nähe des Neubauviertels Knieper-West erfolgte am 15. Januar 1969 der symbolische erste Spatenstich.

Die Bauarbeiten für die Fabrik gingen zügig voran. Nach nur gut neun Monaten Bauzeit startete am 3. Oktober 1969 der Probebetrieb des neuen und für die damalige Zeit modernen, halbautomatisierten Werkes. Alles lief einwandfrei. Am 7. Oktober 1969, dem 20. Jahrestag der DDR, konnte die reguläre Produktion gestartet werden.

Mit dem neuen Werk wollte man in erster Linie Arbeitsmöglichkeiten für Frauen schaffen. Die Lage in unmittelbarer Nähe eines Neubaugebietes, in dem viele der Mitarbeiterinnen wohnten, kam diesem Plan sehr entgegen. Aber auch wer einen weiteren Weg hatte, aus der Altstadt oder anderen Neubauvierteln kam, konnte seine Arbeitsstelle mit öffentlichen Verkehrsmitteln, mit dem Fahrrad oder zu Fuß gut erreichen. Sozial- und Mehrzweckgebäude mit Umkleide- und Waschräumen, die sich neben den Werkhallen befanden, erleichterten den Frauen den Alltag. Mehr noch, der Betrieb beteiligte sich am Bau eines Betreuungshauses für die Kinder. Die Mitarbeiterinnen wurden bei der Vergabe von Krippen- und Kindergartenplätzen bevorzugt, sodass sie bei Bedarf zeitnah auf freie Plätze zugreifen konnten.

Für die werktätigen Mütter öffnete 1970 auf dem Betriebsgelände ein Friseursalon und 1971 ein Kosmetiksalon. Die medizinische Versorgung übernahm eine betriebseigene Arztpraxis mit einer integrierten physiotherapeutischen Abteilung.

1972 kam eine Betriebsgaststätte hinzu, die monatlich um die zehntausend Essen verteilte. Nicht nur die eigenen Leute konnten dort preiswert essen, sondern auch Mitarbeiter anderer Betriebe sowie Rentner. Im großzügig angelegten Speisesaal fanden kulturelle Veranstaltungen statt.

Die Frauen arbeiteten rund um die Uhr im Schichtdienst, damit die Produktion ohne Unterbrechung durchlaufen konnte. Busse, deren Benutzung kostenlos war, brachten sie nach getaner Arbeit, vor allem nach der Spätschicht, gut und sicher nach Hause.

Als Anerkennung für derart gute Leistungen erhielt das Blechpackungswerk 1974 zur Feier des „Tages der Leicht-, Lebensmittel- und Nahrungsgüterindustrie“ den Orden „Banner der Arbeit“. Weitere Auszeichnungen sowohl für persönlichen Einsatz des Einzelnen als auch für kollektive Leistungen folgten.

Auch außerhalb der Produktion kümmerte sich der Betrieb um soziale Aufgaben. Er übernahm Patenschaften für eine Schule und einen Treffpunkt für ältere Mitbürger. Ebenfalls enge Beziehungen wurden zum Wohngebiet des Standortes geknüpft und gepflegt. Als jährlichen Höhepunkt veranstaltete das Werk jeweils am 7. Oktober, dem Gründungstag der DDR, ein Wohngebietsfest mit großem Kinderprogramm. Mitarbeiter organisierten Spiele, verteilten Lutscher und Luftballons. Für ausreichend Essen und Trinken war gesorgt.

Über das ganze Jahr lockte das Werk kontinuierlich mit weiteren Freizeitaktivitäten, deren Teilnahme freiwillig und kostenlos war, da der Staat sie bezuschusste. Dafür gab es im Betrieb extra einen Kulturraum. Das Angebot war vielfältig und ausgewogen. Besonders beliebt war der Handarbeitszirkel. Eine künstlerisch begabte Mitarbeiterin fungierte als Zirkelleiterin.

Auf Wunsch und bei Interesse ermöglichte ihr der Betrieb gemeinsam mit der Gewerkschaft eine fundierte Ausbildung zur Textilgestalterin einschließlich kostenloser Weiterbildungen. Dafür musste diejenige schriftliche Nachweise führen über die Anzahl der Teilnehmer an den jeweiligen Treffen und die geplanten und ausgeführten Textilarbeiten. In diesem Kreis verbrachten handarbeitsbegeisterte Frauen gern einen Teil ihrer Freizeit. Sie waren mit viel Freude bei der Sache.

Dann kam das Jahr 1984. Ein wichtiges Jahr für Stralsund, das 750-jährige Stadtjubiläum. Die Stadtväter planten ausgiebige Feierlichkeiten und alle Bürger und Werktätigen waren aufgerufen, über Ideen und/oder Projekte nachzudenken. Auch die Damen des Handarbeitszirkels setzten sich mit ihrer Leiterin zusammen und entwickelten gemeinsam ein aufwendiges künstlerisches Textilvorhaben. Sie planten, einen Wandbehang zu gestalten, auf den sie Symbole, Figuren, Bauwerke und viel Maritimes der Stadtgeschichte vom Mittelalter bis zur Neuzeit applizieren wollten. Voller Eifer machten sie sich ans Werk, entwarfen, verwarfen, überlegten neu und entschieden sich schließlich für einen dunkelblauen Untergrund und bunte Stoffreste für die Applikationen. Emsig schnippselten und gestalteten sie liebevoll die Einzelteile. Als die fertig waren, nähten die fleißigen Damen sie in einem bunten Reigen auf den Wandbehang.

Applizierter Wandteppich, Detail Banner, Figuren und Häuser, entworfen und genäht von den Damen des Handarbeitszirkels im Betrieb VEB Blechpackungswerk zum 750-jährigen Stadtjubiläum 1984.

Den Mittelpunkt bildete ein Teich mit Fischern, ihren Frauen und dem Fang, denn Stralsund war zunächst ja nur ein kleines Fischerdorf gewesen. Weiter leuchteten darauf stattliche Giebelhäuser aus allen Jahrhunderten, die Rathausfassade, Neubauten, Koggen, Segelboote und Schiffe, ein Trachtenpaar, Wellen, Möwen und Matrosen. Als Krönung überspannte ein Banner mit dem Wort Stralsund in der Mitte, links und rechts umgeben von den Jahreszahlen 1234 und 1984 und unterhalb dem Stadtsiegel und -wappen das textile Kunstwerk.
Dank guter Planung und Vorbeitung wurde der Wandbehang rechtzeitig zum großen Feiertag fertig. Alle Beteiligten waren mit viel Herzblut, Können und Präzision bei der Sache gewesen und

freuten sich über das Ergebnis. Stolz überreichten die Zirkeldamen ihr Kunstwerk der Leitung des Blechpackungswerkes. Nicht nur die Chefs, sondern alle Mitarbeiter bewunderten und bestaunten den in monatelanger, mühevoller Kleinarbeit entstandenen, aussagekräftigen Wandteppich. Er bekam einen gut sichtbaren Ehrenplatz im Betrieb, sodass man im Vorbeigehen diese grandiose Textilarbeit betrachten und bestaunen konnte.
Nach der Wende übernahm eine Firma aus Cuxhaven das Werk und produzierte zunächst weiter in Stralsund. Alles ging seinen Gang und der Wandbehang blieb, wo er war. 1995 verlagerte die Firmenleitung die Produktion auf andere Standorte, einige Mitarbeiter wechselten nach Cuxhaven oder zu anderen Werken. Das Stralsunder Blechpackungswerk schloss seine Tore.
In dieser schwierigen Zeit dachte verständlicherweise niemand an den herrlichen Wandteppich. Er geriet komplett aus dem Fokus. Ob es ihn noch gibt? Wer weiß? Nachforschungen blieben bisher leider ohne Ergebnis. Aber das Glück und der Zufall spielten der einstigen Zirkelleiterin ein Foto in die Hände. Vielleicht taucht er ja irgendwann wieder auf? Man kann nie wissen ...

Erster Schultag mit rotem Portemonnaie

Anke war ein hübsches kleines Mädchen mit kurzen, dunklen, lockigen Haaren. Aufgeregt und neugierig fieberte sie an einem sonnigen Tag im Jahr 1975 einem neuen Lebensabschnitt entgegen, ihrer Schulzeit. Ab heute würde sie zu den Großen gehören und die Grundschule in der Tribseer Vorstadt besuchen, die Dr.-Salvador-Allende-Schule hieß.
Sie betrachtete sich im Spiegel. Fein sah sie aus. Extra für den großen Tag hatte sie ein neues Kleid bekommen, mit Puffärmeln,

einem gerüschten Röckchen und ganz wichtig, einer aufgenähten Herztasche für das Taschentuch und ihr geliebtes kleines rotes Portemonnaie. Die Füße mit den weißen Söckchen steckten in zweifarbigen Sandalen. Sie strahlte ihr Spiegelbild an. „Bin ich nicht ein niedliches kleines Mädchen“, schien sie zu denken. Sie konnte sich sehen lassen. Mit Mutti und Omi machte sie sich auf den Weg. Unterwegs war ihr etwas mulmig zumute. Was sie wohl erwartete? Ob die anderen Kinder nett waren? Bei dem herrlichen Wetter konnte eigentlich nichts schiefgehen. Von einem blitzeblauen Himmel strahlte die Sonne, tauchte diesen aufregenden und wichtigen Tag für Anke in ein warmes Licht. Erwartungsvoll marschierte sie mit dem funkelnagelneuen Ranzen auf dem Rücken sowie einer großen, gut gefüllten Zuckertüte im Arm zusammen mit ihrer Familie zur erst wenige Jahre zuvor in Plattenbauweise entstandenen Allende-Schule.

Dort war schon mächtig was los. Der Direktor, die Lehrer und die Pionierleiter warteten gespannt auf die Neuankömmlinge. Ihre neue Klassenlehrerin nahm sie freundlich in Empfang und führte sie zusammen mit den anderen Erstklässlern, Eltern, Lehrern und weiteren Erwachsenen wie Omas, Opas, Onkel und Tanten oder größeren Geschwistern in die festlich geschmückte Aula. Mit einer kleinen Feier, wie in dieser Zeit üblich, wurden die neuen Kinder willkommen geheißen. In einer sehr persönlichen Rede begrüßte der Direktor die Erstklässler und dann begann ein Willkommensprogramm, das sich die älteren Schüler ausgedacht und das sie vorbereitet hatten. Mit musikalischer Begleitung sangen die Größeren Lieder, in die die Erstklässler einstimmen konnten, trugen Gedichte vor oder lasen eine Geschichte. Das war schön, Anke strahlte. Zwischendurch tastete sie immer mal wieder verstohlen nach ihrem roten Portemmonnaie. Ja, es war noch da wo es sein sollte, in ihrer Herztasche. Schließlich versammelten sich die Kleinen mit ihrer Klassenlehrerin für ein

Erinnerungsfoto auf den Treppen vor der Schule. So erfuhren sie gleich etwas über das Prozedere des Fahnenapells, an dem sie von nun an regelmäßig teilnehmen würden. Dann war der erste Schultag vorbei. Ankes Kopf brummte, soviel Neues war heute auf sie eingestürmt. Einen kleinen Moment verschnaufte sie noch mit ihrer Familie vor der Allende-Schule, bevor alle zufrieden und müde nach Hause gingen. Voller Stolz trug sie ihren Ranzen auf dem Rücken und ihre Zuckertüte im Arm. Am nächsten Tag ging's dann richtig los.

In den folgenden Jahren wurde Anke eine gute Schülerin, hatte Freude am Unterricht und lernte leicht. Sie fügte sich problemlos in den Schulbetrieb ein. Neben den eigentlichen Schulstunden fand regelmäßig der Fahnenapell statt und zwar mindestens einmal wöchentlich. Zusätzlich an besonderen Feiertagen wie beispielsweise dem Jahrestag der DDR am 7. Oktober oder dem Geburts- bzw. Todestag Salvador Allendes. Dann standen die Kinder, GOL-Sekretäre (Grund-Organisations-Leitung) und Pionierleiterin in Unterständen auf dem Schulhof, die sie gegen Wind und Wetter schützten. Der Direktor oder sein Stellvertreter hielten Reden oder gaben Informationen bekannt. Danach ging's zurück in die Klassenzimmer. Für den Sportunterricht stand auf dem Schulgelände eine Halle zur Verfügung.

Ein weiteres Gebäude war die Essensbaracke. In der Pause bekamen die Kinder Schulmilch in Glasflaschen. Zur Auswahl standen pure Milch oder Milch mit sparsam verfeinertem Erdbeer-, Kakao- und Bananengeschmack, jeweils durch farbige Aludeckel gekennzeichnet. Nach Unterrichtsende konnten die Kinder zu Mittag essen. Die Gerichte waren eher einfach und wiederholten sich häufig. Zur Auswahl standen Lungenhaschee, Rührei, oft sehr blass, Spaghetti mit Tomatensoße oder Milchreis mit Zimt und Zucker. Aber immerhin konnten Kinder, deren Mütter tagsüber arbeiteten, ein warmes Essen zu sich nehmen.

Die Baracke war jedoch entschieden zu klein. Da gab's nur eins, geduldig warten, bis man dran war. Die hungrigen Mädchen und Jungen formierten sich hübsch in Zweierreihen, während der aufsichtsführende Lehrer sie im Auge behielt. Sobald genug Platz war, wurden sie schubweise eingelassen.
In der Barackenmitte befand sich die „Futterluke",wo die Teller bestückt wurden, rechts und links davon die Essensausgaben. Das Aluminium-Essbesteck bestand die tägliche Härteprobe meist nur kurze Zeit, es verbog sich leicht im Gebrauch. Bei dem Versuch, es wieder gerade zu biegen, zerbrach es oft. Kurz gesagt, der Verschleiß an Besteck war recht hoch, das Geschirr war robuster und hielt wesentlich länger.
Milchausgabe und Mittagessen mussten organisiert werden. Das übernahm jeweils ein Kind pro Klasse. Für ihre Klasse war das Anke. Sie fertigte eine Liste an und sammelte Milch- und Essensgeld in ihrem roten Portemonnaie ein. Damit ging sie zur Schulsekretärin, kaufte entsprechende Marken und verteilte sie an ihre Mitschüler. Das kleine rote Portemmonnaie begleitete sie die ganze Grundschulzeit über, wurde für sie zu einem Glücksbringer. Jedes Mal, wenn sie es in der Hand hielt, dachte sie an ihren ersten Schultag zurück.
Als Anke älter wurde und die Grundschule verließ, um auf eine höhere Schule zu wechseln, vergaß sie das rote Portemmonnaie zwar nicht ganz, verlor es jedoch aus den Augen. Vielleicht landete es in irgendeiner Schublade, einem Karton oder es verschwand einfach bei einem Umzug. Könnte ja auch sein, dass es irgendwann wieder auftaucht ... Immer, wenn Anke an ihrer alten verwildert wirkenden Schule vorbeikommt, packt sie ein Hauch von Melancholie. Dann blickt sie zurück, sieht sich wieder in der Pause auf dem Hof herumtollen, in den Klassenzimmern sitzen oder in der Essensbaracke Milch trinken. Und dann kommt unweigerlich eine Erinnerung, die an das kleine

rote Geldtäschchen, für immer symbolisch verbunden mit dem Gebäude und ihrem ersten Schultag ...

Die sonderbare Probefahrt

Folgende Geschichte erzählte mir ein ehemaliger Werftmitarbeiter von seiner ersten Probefahrt, die zunächst ganz harmlos begann.
Auf der Volkswerft wurden in den 1970er-Jahren Fischverarbeitungstrawler vom Typ Atlantik gebaut. Ungefähr alle vierzehn Tage lief ein Schiff vom Stapel. Manchmal konnte es aus Zeitgründen nicht auf der Werft fertiggestellt werden, musste aber vor der Auslieferung eine Probefahrt auf der Ostsee absolvieren. Dann verband man das Angenehme mit dem Nützlichen und schickte Werftarbeiter und Monteure auf die Probefahrt, damit sie unterwegs die restlichen Arbeiten erledigen konnten. Vor dem Auslaufen waren etliche bürokratische Hürden zu überwinden. Alle Mitfahrer brauchten eine Berechtigung, die es ihnen erlaubte, sich außerhalb der Drei-Meilen-Zone aufzuhalten, die PM 19. Als Nächstes gaben sie ihren Personalausweis ab. Danach durchleuchtete die Stasi sowohl die Besatzung des Trawlers als auch die Mitfahrer. Erst wenn die Oberen grünes Licht gaben, konnte es losgehen.
An Bord bezogen die Werftleute ihr „Schlafzimmer". Das war der Laderaum, der sich in der Schiffsmitte unter Deck befand. Im Werftjargon hieß er „Bernsteinsaal". Gespannte Planen teilten notdürftig kleine Buchten ab, in denen Doppelstockbetten standen. In der Mitte war die Back, ein großer Tisch mit Stühlen. Nachdem sich jeder seine Kammer eingerichtet hatte, setzten sie sich gemütlich zusammen, schnatterten und zischten erst

mal ein Bier. Die Sorten wechselten bei den Fahrten zwischen Rostocker Hafenbräu, Wernesgrüner oder Radeberger Export, und wenn es ganz gut ging, gab es Lübzer, auch „Lübzator" genannt, das immerhin über 1 Mark pro Flasche kostete. Als Deputat, anteiliger Lohn ausgezahlt in Naturalien, bekam jeder eine Flasche Schnaps. Dazu qualmten sie Zigaretten, wie die teuren Club oder auch die sehr beliebten preiswerten Cabinet und f6, die an Bord billiger waren.

Bei einem Bier oder einem Schnaps blieb es natürlich nicht. Es wurde schon ordentlich zugelangt. Wer erstmals mitfuhr und das Prozedere nicht kannte, konnte kaum mithalten. Manch einer wankte auf dem schwankenden Schiff benommen in die Koje, um in Ruhe seinen Rausch auszuschlafen. Aber das war leichter gesagt als getan, denn richtig ruhig war es auch nachts nicht an Bord. Manchmal kullerten die leeren Buddeln mit lautem Gescheppere von einer Schiffsseite auf die andere. Das ging ja noch.

Viel schlimmer war es, wenn nachts die Tests zum Schiffsverhalten auf See durchgeführt wurden. Da die Mitfahrer außer Gefecht waren, prüfte die Mannschaft beispielsweise das Krängungsverhalten oder drehte den Trawler bei zehn Beaufort mit der Nase in den Wind. Vielleicht war das auch eine kleine Lektion für die Saufnasen, die eigentlich hätten arbeiten müssen. Aber selbst der Kapitän drückte beide Augen zu, da er wusste, dass die Zecher am nächsten Morgen genug zu leiden hatten.

Hundeelend krochen sie aus ihren Kojen, schleppten sich durch den Arbeitstag und wussten nicht, ob sie leben oder sterben sollten. Lag es nun an dem vielen Bier, dem Schnaps und den Zigaretten, dass es ihnen so schlecht ging oder waren sie etwa seekrank. Spielte genaugenommen auch keine Rolle.

Waren diese „Anfangsschwierigkeiten“ überwunden und die Mitfahrer wieder fit, ging die Arbeit an Bord weiter. Die Fahrt führte sie bis kurz vor Bornholm, denn erst vor der dänischen Insel war das Wasser tief genug, um das Ankergeschirr einmal auf volle Länge auszufahren und zu testen. Während Mannschaft und Mitfahrer vor Anker lagen, überraschte sie diesmal ein plötzlicher heftiger Wintereinbruch. Es war so bitterkalt, dass die Ostsee rasch zufror. Der Trawler blieb im Eis stecken. Die Schiffe waren so stabil gebaut, dass sie das aushielten, aber an Weiterfahren war nicht mehr zu denken.
Da meldete sich einer der Mitfahrer zu Wort. Eifrig bot er an, den Trawler von außen zu fotografieren. Das Motiv sei toll und sicher würden sich zu Hause alle über den spektakulären Anblick freuen. Er hätte seine Kamera dabei und könne das übernehmen. Niemand dachte an etwas Böses und der Kapitän stimmte arglos zu. Dick angezogen und mit umgehängter Kamera kletterte der selbst ernannte Fotograf eilig über die Reling und marschierte zielstrebig in Richtung Bornholm. Die Männer riefen ihm nach, er solle sich nicht zu weit entfernen, man wüsste nicht, ob das Eis wirklich schon hält. Er reagierte überhaupt nicht, drehte sich nicht einmal mehr um. Der Abstand zwischen ihm und dem Schiff vergrößerte sich rasch.
Da erst fiel es den Zurückgebliebenen wie Schuppen von den Augen, der angebliche Fotograf wollte türmen. Niemand hätte das für möglich gehalten, aber es war zu spät, um ihn noch einzuholen oder gar aufzuhalten. Der Flüchtende war längst im diffusen Licht der aufkommenden Dämmerung verschwunden. Sprachlos blieben die Männer zurück, ein Schaudern erfasste sie. In eine saublöde Situation waren sie geraten, die sie in einem äußerst schlechten Licht erscheinen ließ. Ihren Vorgesetzten würden Kapitän, Mannschaft und Mitfahrer Rede und Antwort stehen und möglichst plausibel erklären müssen, warum

sie mit einem Mitfahrer weniger nach Stralsund zurückkamen. Dabei waren sie selbst am meisten von der plötzlichen Flucht überrascht worden.
Nach endlosen Befragungen glaubten die Oberen ihnen und die Angelegenheit verschwand in den Akten. Die Männer atmeten auf, sie waren ungeschoren davongekommen. Dennoch, ein ungutes Gefühl blieb, denn wenn es auch niemand so richtig zugab, im tiefsten Inneren sorgten sie sich um ihren Ex-Kollegen und hätten gerne gewusst, was aus ihm geworden war. Ob er jemals auf Bornholm ankam? Das weiß keiner, es blieb ein Geheimnis. Wahr oder Seemansgarn?

Es geht rund in der Milchbar

Mittags trafen sich in den 1960er-Jahren auf der Ossenreyerstraße die beiden Freundinnen Mila und Kerstin, so nenne ich sie mal. Beide besuchten häufig begeistert die Milchbar, manchmal allein, manchmal auch mit ihren Partnern.
„Sehen wir uns heute noch in der Milchbar?", fragte Kerstin.
Mila antwortete: „Ja, warum nicht?"
Kerstin lachte, während sie auf Milas dicken Bauch deutete: „Deshalb, ist es nicht bald so weit?"
Mila sah an sich herunter und lachte ebenfalls: „Ja, der Termin rückt näher, aber mir geht's doch blendend. Hab wirklich keine Lust, zu Hause rumzusitzen."
„Schön, ich freu mich, dann bis heute abend."
„Ja, ich auch, bis nachher."
Das Haus Nr. 13 am Neuen Markt blickte bereits zu dieser Zeit auf eine lange Tradition zurück. Schon Anfang des 20. Jahrhunderts kaufte es der Bäckermeister Wilhelm Lewerenz, eröffnete

zunächst eine Bäckerei und richtete ein paar Jahre später ein Café ein. Mitte der 1920er-Jahre ließ er es um ein Stockwerk erhöhen und sah einen Schankraum vor, in dem er auch Alkohol verkaufte. Außerdem spielte allabendlich eine kleine Kapelle, sodass die Gäste tanzen konnten. Das Café Lewerenz war über die Stadtgrenzen hinaus bekannt, beliebt und stets gut besucht.

1954 übernahm die Handelsorganisation Gaststätten (HOG) die Bäckerei und das Café von Lewerenz. Die Organisation plante einen von morgens bis abends geöffneten „Barbetrieb für Werktätige“ nach dem Vorbild der überall sowohl in der DDR als auch im Ausland wie Pilze aus dem Boden schießenden Milchbars. Die Stralsunder waren gespannt. Im Februar 1956 war es so weit, die Milchbar am Neuen Markt Nr. 13 öffnete ihre Türen.

Im ersten Stock bedienten hinter einer halbrunden Bar und an den Tischen hübsche junge Frauen mit einem weißen Schiffchen oder einer weißen Haube auf dem Kopf die Gäste. Zumindest anfangs war das so, später wurde der Betrieb auf Selbstbedienung umgestellt. Dann warteten die durstigen Besucher geduldig auf der schmalen Treppe, die vom Erdgeschoss in den ersten Stock führte, bis Sitzplätze an den Tischen frei wurden. Die an der Bar georderten Cocktails mit so exotischen Namen wie „Taucher-Limo“, „Blondes Gift“ oder „Landstreicher“ landeten auf einem Tablett, mit dem sich der Gast durch den gut gefüllten Schankraum schlängelte, während er inständig hoffte, alles wohlbehalten an den Tisch zu bringen. Außerdem standen Milchmixgetränke in verschiedenen Geschmacksrichtungen wie beispielsweise Erdbeer, Ananas oder Kakao zur Auswahl.

Das Erdgeschoss war den Tanzfreudigen vorbehalten, für Stimmung sorgte eine moderne Musikbox. Ein bunt gemischtes Publikum von Alt und Jung wirbelte begeistert bei Rock ’n’ Roll oder Twist nach der neuesten angesagten Musik duch den Saal. Stralsunder und Gäste aus nah und fern besuchten gern die

Milchbar, ebenso Schüler aus der nahen Jugendherberge am Kütertor oder Marineangehörige. Selbst Familienausflüge aus dem Umland führten hierher. Kaum ein Tag oder Abend, an dem es nicht rappelvoll war. Seit der Eröffnung war die Milchbar zum beliebten Treffpunkt, geworden, der Laden brummte. In dieser tollen Atmosphäre fühlten sich die Gäste einfach wohl. Nicht wenige Romanzen, die hier begannen, endeten im Hafen der Ehe. Es war jedoch die Milchbar selbst, die zur großen, dauerhaften Liebe der Stralsunder wurde. Kaum erwähnt man den Namen, leuchten die Augen und den Mund umspielt ein wissendes Schmunzeln. Vermutlich ist jeder, aber wirklich jeder, zumindest einmal hier gewesen.

Die Milchbar vor einigen Jahren.

Milchbar 2016.

Nach 1989 konnte sich die Milchbar einige Jahre über die Wendezeit retten, bis sie endgültig schloss. Das Haus stand zunächst leer und verfiel zusehends. Der Zahn der Zeit nagte kontinuierlich an der alten Milchbar. Aber dann, ein Hoffnungsschimmer am Horizont! Mitte der 1990er-Jahre kaufte ein Gastronom aus Vechta das Gebäude, um die Tradition fortzuführen. Ein jahrelanger Rechtsstreit verzögerte jedoch die Sanierung. Dennoch, er hielt durch und tatsächlich, was lange währt, wird endlich gut. Im Sommer 2013 öffnete die neue Milchbar, frisch aufgemöbelt und strahlend wie einst, wieder ihre Türen für Gäste. Ein erfahrenes Gastronomenpaar übernahm die Leitung. Das Angebot wurde erweitert. Es gibt außer Eis, Milchmixgetränken und vielen anderen Gaumenfreuden sogar italienische Spezialitäten.

Am meisten freuen sich Betreiber und Gäste darüber, dass der Original-Schriftzug MILCHBAR die Fassade ziert, als wäre es nie anders gewesen. Auflage an den Bauherren war nämlich, dass der Schriftzug nach Sanierung des Hauses Nr. 13 wieder angebracht wird. Glück gehabt, denn noch 2012 interessierten sich Museen aus ganz Deutschland für dieses interessante Überbleibsel aus der DDR-Zeit.

Mila erinnert sich im Vorübergehen öfter lächelnd an den Abend in den 1960er-Jahren, als sie, obwohl hochschwanger, Musik gehört, moderat getanzt, sich prima unterhalten und selbstverständlich ausschließlich Milch getrunken hatte. Noch in der Nacht setzten übrigens die Wehen ein und am nächsten Tag brachte sie ihr gesundes Kind auf die Welt. Über die schweren Stunden der Geburt trugen sie die Erinnerungen an den Abend in ihrer geliebten Milchbar am Neuen Markt. Lustig, harmonisch und schön war es gewesen. Und außerdem, das passte doch gut zusammen, dachte sie später, Milchbar und Mutter ...

Fähr(e) well

Eine kleine Hafenkneipe in der Fährstraße 17 in Stralsund umschiffte tapfer die Klippen unterschiedlichster Zeiten und Gesellschaftsformen, und das seit 1332, so steht es zumindest in alten Stadtbüchern. Wie durch ein Wunder überstand sie weitgehend unbeschadet Angriffe und Kriege, und das, obwohl sie außerhalb der schützenden Stadtmauer lag. Selbst der Abbruch des unmittelbar nebenan liegenden Fährtores zum Ende des 19. Jahrhunderts konnte ihr nichts anhaben. Die exponierte Lage in Hafennähe sorgte über die Jahrhunderte für einen stetig fließenden Besucherstrom.

Auch zu DDR-Zeiten war die Fähre ein beliebter Treffpunkt, allerdings nur für Stammgäste. Die Wirte Milatz (Vater und später der Sohn) sowie Familie Dettmann spannten vor die Innentür eine Sperrkordel, im Jargon „Urlaubertampen“ genannt. Vermutlich nach einem alten pommerschen Brauch. Bis zur Kordel konnte man gehen, unterzog sich einer Gesichtskontrolle, wurde eingelassen oder auch nicht. Die Entscheidung darüber lag allein bei den Wirtsleuten.

Wer einmal Zutritt erhalten hatte, avancierte meist zu einem echten Stammgast der Fähre, der dieser über Jahrzehnte die Treue hielt und kaum andere Wirtschaften aufsuchte. Jubiläen nach 10, 20, 30 oder 40 Jahren wurden gebührend gefeiert. Aber einer schaffte es, 50 Jahre lang regelmäßiger Gast in der Fähre zu sein. 1936 trank Julius, „Jule“, Guldbrand aus der Langenstraße erstmals ein Bier in der Hafenkneipe. Der legendäre Segelmacher und Seilermeister war ein echtes Stralsunder Original mit dem Herzen auf dem rechten Fleck, stadtbekannt und beliebt. Wenn er in der Hafenkneipe auftauchte, war immer was los. Der Aufforderung „Jule, vertell eens“, folgte er gerne.

Seinen hingebungsvoll lauschenden Zuhörern erzählte er wortreich blumig spannende und unterhaltsame Geschichten von Segelschiffen, Wind und Meer. Wahre Geschichten oder Seemannsgarn? Was machte das schon aus. Gemütlich zusammensitzen, ein kühles Bier trinken und Jule lauschen. Alle rückten noch enger zusammen und es wurde muckelig und kommodig in der Fähre. Immer wieder gern erzählte er sein Läuschen vom „panierten Bierdeckel, den er als Schnitzel verspeiste".

Zur 50. Einkehr brachte Jule den damaligen Wirtsleuten Dettmann ein Geschenk mit. Eine Schiffsglocke mit der Inschrift: „Glocke des Friedens und des Frohsinns", die einen Ehrenplatz direkt neben dem Tresen erhielt.

Jule bat, sollte er dereinst sterben, sie danach allabendlich zu läuten und auf sein Wohl anzustoßen.

„Jules" Glocke neben dem Tresen.

Eines Tages war es leider so weit, der liebenswerte Geschichtenerzähler Julius Guldbrand segnete das Zeitliche. Seinen letzten Wunsch erfüllte nicht nur der Wirt der Fähre, sondern alle Wirte der Stadt, die ihn ebenfalls gekannt hatten, erwiesen der legendären Persönlichkeit der Stralsunder Stadtgeschichte die letzte Ehre. Abends um 19 Uhr läutete die Glocke in der Fähre und die in den anderen Kneipen. Alle anwesenden Gäste bekamen auf Kosten des jeweiligen Hauses einen Korn, mit dem sie auf Jules Wohl anstießen. Dieser Brauch hielt sich über viele Jahre.

Die Wirtin Hanni Höpner am Stammtisch.

1999 legte die Familie Dettman die Geschicke der geschichtsträchtigen Hafenkneipe in die bewährten Hände von Hannelore, „Hanni“, Höpner, die vor über zwanzig Jahren mit zwei Koffern in die Stadt gekommen war.

Inzwischen war sie weithin bekannt, hatte als Kellnerin Erfahrungen in verschiedenen Lokalen und Kneipen Stralsunds gesammelt. Sich selbst bezeichnet sie noch heute als Wirtin aus Leidenschaft. Diskret, verständnisvoll und liebenswert. Den Brauch, nur Stammgäste einzulassen, schaffte sie ab. Schnell sprach es sich in der Stadt herum, dass nun jeder von 18 Uhr bis in die frühen Morgenstunden hier sein Bier trinken konnte. Traditionsbewusst und behutsam versuchte sie, möglichst wenig an der Inneneinrichtung und Möblierung zu ändern. Nur einige störende, unschöne Holzpaneele ließ sie entfernen. Ein Glücksfall, denn darunter stieß sie auf einen Teil der alten Stadtmauer. Die Backsteinwand blieb sichtbar.

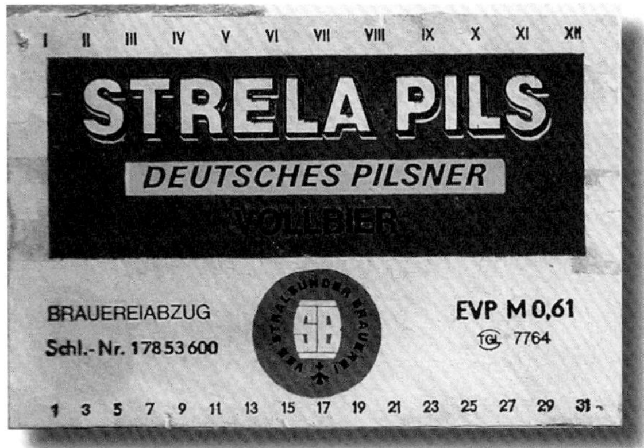

Flaschenetikett „Strela Pils“ 1969.

Da nur wenige Tische in der Fähre stehen, rücken die Gäste schnell zusammen. Enge schafft Behaglichkeit. Erfahrungsaustausch ist der Wirtin wichtig, die Leute sollen miteinander reden. Das klappt wunderbar. Wer hier einmal einen muckeligen Abend verbracht hat, wird das gerne bestätigen. Stammgästen werden natürlich gewisse Privilegien eingeräumt. Beispielsweise spendiert Hanni dem hoffnungsvollen Nachwuchs, sobald er achtzehn

Jahre alt ist, das erste Bier des Hauses. Oder wird gar Nachwuchs erwartet, strickt die Wirtin als Geschenk Babysöckchen. Sogar Segler, die häufig einkehren, bekommen ab und an selbst gestrickte Socken in grün und rot, Steuerbord und Backbord. Unermüdlich kümmern sich Hanni und ihre ebenso netten Mitarbeiter um ihre Gäste aus aller Herren Länder und aus Stralsund, die sich in der behaglichen Atmosphäre der uralten Fähre, einer der ältesten Hafenkneipen Europas, so wohlfühlen, dass sie gerne wiederkommen.
Ach ja, und Jules Glocke hängt noch immer neben dem Tresen und wird auch manchmal geläutet. Selbst die Sperrkordel gibt es noch, sie hängt senkrecht und nicht mehr quer vor der Innentür. Hanni Höpner hält eben auf Tradition ...

Idylle hinter'm Rathaus

Auf der Südseite des Rathauses befand sich der Rathausplatz mit einer Fläche von ca. 4000 Quadratmetern, das Quartier 17. Die Bebauung wurde im Krieg zerstört und wie durch ein Wunder blieben zwei Häuser nahezu unversehrt stehen, die Werkstatt und das Wohnhaus einer bekannten Stralsunder Goldschmiedefamilie.
Für eine komplette Neubebauung fehlte nach Kriegsende das Geld. Die Stadtverwaltung brauchte in den 1950er-Jahren Verwaltungsräume und ließ auf dem Gelände am Ostkreuz eine Baracke bauen. Später wurde sie aufgeteilt in einen Kiosk, einen Unterstand für Fahrgäste der Straßenbahn und einen Aufenthaltsraum für Straßenbahnangestellte. Nachdem der Straßenbahnbetrieb 1966 eingestellt wurde, etablierte sich in dem Raum die GPG (Gärtnerische Produktions-Genossenschaft)

„Klaus Störtebeker“. Ab 1978 öffnete das Gärtnereiunternehmen „Sundflor“ eine Verkaufsstelle.
Bereits 1977 wurde das Areal komplett umgestaltet. Die VEB (K) Stadtwirtschaft ließ drei Springbrunnen bauen, Blumenkübel aufstellen und einen Spielplatz installieren. Bäume und Sträucher wurden gepflanzt. Mitten in der Stadt gab es plötzlich eine grüne Oase. Wie schön, dass es im Sommer in Stralsund dank der geografischen Lage bis spät in den Abend hell bleibt. Das nutzten die lufthungrigen Menschen gerne aus. Die Ränder der Blumenrabatten waren breit genug, um darauf zu sitzen, sich auszuruhen oder sein Eis zu schlecken. So konnten Stadtbummler nach Einkäufen auf der Geschäftsmeile Ossenreyerstraße ein Päuschen einlegen oder Werktätige nach Feierabend innehalten, bevor sie nach Hause gingen. Die Kinder liebten die Springbrunnen. An heißen Tagen tobten sie darin herum, bis sie pitschenass waren. Aber was machte das schon, das laue Sommerlüftchen trocknete rasch die nassen Kleider oder Mutti hatte Ersatz dabei.
Wer einen Treffpunkt vereinbaren wollte, entschied sich häufig für den Rathausplatz. Er war gut und leicht erreichbar. Außerdem war der Platz so eine Art Nachrichtenbörse. Kaum jemand hatte zu Hause ein Telefon und man kam auf gut Glück zum Rathausplatz und wartete. Mit etwas Geduld und Durchhaltevermögen kam irgendwann der- oder diejenige vorbei, auf den oder die man gehofft hatte. Bis weit über die Wende blieb der Rathausplatz das was er war, eine beliebte, allerdings inzwischen etwas heruntergekommene Grünanlage in der Stadt. Aber seine Tage waren gezählt.
Schon länger dachten die Stadtväter über eine Neubebauung nach. Schließlich war ein Investor gefunden. Von 2007 bis zum Baubeginn 2010 gruben, bestimmten und dokumentierten die Archäologen ihre zahlreichen Fundstücke aus allen Jahrhunder-

ten. Dann begann der Bau von vierundzwanzig Einzelhäusern mit Wohnungen und Geschäften, die 2013 fertiggestellt waren. Die Meinungen der Stralsunder teilten sich, einige wünschten sich die Grünanlage zurück und anderen gefielen die neuen Häuser besser. Wie auch immer, das Quartier 17 wurde entsprechend seiner ursprünglichen Geschichte und Parzellierung wieder bebaut und fügt sich heute in das Stadtbild, als hätte es auf dem Rathausplatz nie anders ausgesehen.

Sybille ziert die Wand

Zwischen 1962 und 1970 konnte es sein, dass Stralsunder sich in etwa wie folgt unterhielten:
„Mensch, stell dir vor, ich habe eine ‚Sybille' ergattert."
„Das ist ja ein Ding, Glückwunsch."
Oder
„Gut dass ich dich treffe, sag mal, was macht eigentlich ‚Sybille'? Ist sie in Ordnung?"
„Na, ja, geht so."
„Ach, das tut mir leid. Kannst du ihr nicht helfen?"
„Versuche ich ja, aber sie ist nun mal in die Jahre gekommen."
Oder
„Geht's deiner ‚Sybille' wieder besser?"
„Ja, danke, habe sie komplett überholt. Sie strahlt wie neu."
„Das freut mich aber."
Für fremde Ohren mögen diese Dialoge seltsam klingen, Stralsunder wussten sofort, worum es ging. Wenn nicht die DDR-Modezeitschrift gemeint war, an die Männer wahrscheinlich eher seltener dachten, konnte es nur um die Wohnanbauwand „Sybille" gehen.

Die VEB-Möbelwerke-Stralsund entwickelten einen variablen Montagebausatz, den sie Sybille tauften und stellten ihn erstmals Anfang der 1960er-Jahre auf der Leipziger Frühjahrsmesse aus. Dort fand die Neuentwicklung großen Anklang. Ab 1962 wurde die Wohnanbauwand in zwei Varianten, nämlich einmal mit 14 und einmal mit 22 Teilen, in Stralsund produziert. So exotisch der Name auch klang, so praktisch, durchdacht und bodenständig war der Entwurf der „Volkseigenen Möbelindustrie Schkeuditz". Die tragenden Teile waren hell lackierte Leitern aus Metall. Dazu gab es Einzelelemente aus Holz oder Holzfurnier wie Regalbretter, Bettkästen, Schränke, Glasvitrinen. In einem Schrank befand sich eine Nähmaschine, die komplett ausgeklappt werden konnte und gleich betriebsbereit war. Genauso konnte ein Schreibtisch integriert werden. Später ergänzten vorgefertigte Elemente für Fernseher und Radio das Ensemble. Trotz einheitlicher Einzelteile waren viele unterschiedliche Varianten beim Zusammenbau möglich. Die Preise bewegten sich in etwa zwischen 73,50 Mark für einen Bettkasten über 139,- Mark für eine Glasvitrine bis zu 214,- Mark für einen kompakten Unterschrank.

Sybille schwebte von Anfang an in vielen Wohnungen an der Wand. So wirkte es jedenfalls, denn nur die Füße der Metallleitern standen auf dem Boden. Die einzelnen Elemente wurden höher eingesetzt und ließen den Boden frei. Eine große Erleichterung für die Hausfrau, denn unter Sybille konnte problemlos gewischt und gesaugt werden.

Das neue, moderne Möbel entsprach exakt dem Zeitgeschmack und revolutionierte die damals übliche Wohnungseinrichtung. Auf Anhieb schlossen nicht nur die Stralsunder ihre neue moderne Anbauwand ins Herz, bot sie doch so viele Einrichtungsmöglichkeiten wie noch nie zuvor. Nach dem Motto, „Jeder ist sein eigener Designer" war es einfach und leicht, mit den Einzelteilen entsprechend seiner jeweiligen Bedürfnisse die Räume zu gestalten. Bausätze gab es sowohl für Wohn- als auch für Schlafzimmer.

Im Volksmund wurde der Typensatz Sybille zum Schwedenmöbel, wohl in Anlehnung an die in Westdeutschland aufkommenden Ikea-Möbel. Eine neue Zeit war angebrochen. Die Zimmer wirkten plötzlich leichter, heller und freundlicher. Der Muff der alten wuchtigen, dunklen und schweren Möbel verschwand.

Die moderne Art der Möblierung war ein Zugeständnis an die überall entstehenden, dringend benötigten Neubauwohnungen. Zunächst wurden die Wohnblöcke noch in traditioneller Bauweise erstellt. Das dauerte aber zu lange und so ging man bald zum Bauen mit vorgefertigten Teilen über. Da viele Wohnungen gebraucht wurden, waren die neuen insgesamt wesentlich kleiner und erforderten eine rationellere Raumaufteilung, die den Bedürfnissen der jetzigen Bewohner entsprachen. Dazu passte die flexible Wohnanbauwand Sybille.

Die Einzelteile bestanden aus unterschiedlichen Materialien wie Holz, Glas, Plexiglas, Metall und Kunststoffen sowie Kunststofffolien. Um das Furnier zu sparen, verwendeten die Möbelbauer eine Zeit lang Folien mit Holzoptik, sogenanntes Melafol. Dadurch entfielen die Devisen für teure Furnierimporte. Keine gute Variante, wie sich bald herausstellte. Die Folien hielten in keiner Weise, was sie ursprünglich versprachen. Holz blieb eben Holz und war durch nichts zu ersetzen.

Solch kleine Unwägbarkeiten schmälerten in keinster Weise die Beliebtheit der variablen Anbauwand, sie wurde zum absoluten Verkaufsschlager. Im Sommer 1963 wurde sie sogar auf der internationalen Möbelausstellung in Moskau gezeigt. Bis 1970 produzierten die VEB Möbelwerke Stralsund den Montagetypensatz. Als sie in einen zweiwöchigen Planrückstand gerieten, wurde die gesamte Produktion eingestellt. Da es nun keine neuen

Wohnanbauwände mehr gab, wurden die vorhandenen gehegt und gepflegt. Möglicherweise ziert Sybille noch die eine oder andere Wohnzimmerwand, aber letztendlich ist sie Geschichte. Nur, vergessen ist sie nicht. Und ein Denkmal wurde ihr auch gesetzt. Im Stralsund-Museum in der Mönchstraße schwebt sie in voller Pracht und Schönheit an der Wand eines muckeligen, nachgebildeten DDR-Wohnzimmers im Stil der 1960er-Jahre, umgeben von anderen zeitgenössischen Möbeln und Zubehör, wie Sofa, Sesseln, Stehlampe, Zeitungsständer, Büchern und passendem Nippes. So einladend arrangiert, dass man sich ins Sofa kuscheln, ein Buch zur Hand nehmen und von einer längst vergangenen Zeit mit Sybille zu Hause träumen möchte.

Verkehr(t) gefahren

An einem sonnigen Nachmittag in den 1960er-Jahren fuhr Eva mit ihrem Mann und ihrer kleinen sechsjährigen Tochter auf dem Weg zu einem Tagesausflug auf die Insel Rügen im familieneigenen Trabbi durch Stralsund. Sie fuhr eigentlich nicht so gern Auto, war deshalb einerseits sehr angespannt und andererseits besonders aufmerksam. Wäre nicht so schönes Wetter gewesen und hätte sie sich nicht so auf die Insel und einen Tag Familienurlaub gefreut, hätte sie sich nicht hinter das Steuer gesetzt, sondern das Fahren lieber ihrem Mann überlassen. Sie fuhr eher selten und hatte entsprechend wenig Fahrpraxis.
Aber genau da lag das Problem. Ihr Mann war ein guter und routinierter Fahrer, aber leider hatte er versäumt, seinen Führerschein samt den dazugehörigen Zetteln auf den neuesten Stand zu bringen. Diese grünen, gelben und roten Abschnitte gehörten in der DDR zur Fahrerlaubnis. Auf ihnen wurden ver-

kehrstechnische Vergehen vermerkt und die ihres Mannes waren momentan leider nicht mehr jungfräulich. Das konnte bei einer Kontrolle eine Menge Fragen aufwerfen. Optimistisch hatten beide deshalb beschlossen, dass Eva die Fahrerei, zumindest in der Stadt, übernehmen sollte. Voller Zuversicht hatten sie sich gegenseitig Mut gemacht: „Ach, was soll schon sein, wird bestimmt gut gehen."

Aber sie hatten sich zu früh gefreut. Sie waren schon fast durch die Stadt gekommen und nicht mehr weit vom Rügendamm entfernt, als Eva an einer Kreuzung einen gravierenden Fahrfehler machte. Und ausgerechnet hier stand ein Verkehrspolizist in voller Montur, im Volksmund wegen der weißen Schirmmütze „Weiße Maus" genannt. Er winkte aufgeregt, bedeutete Eva an den Rand zu fahren und anzuhalten. Sie trat auf die Bremse, stoppte den Trabbi abrupt und kurbelte das Fenster herunter, das Gesicht ein einziges Fragezeichen. Obwohl ihre Knie schlotterten, riss sie sich zusammen, sah den Polizisten fest an und lächelte zaghaft. „Sagen Sie mal, junge Frau, haben Sie das nicht gesehen?", donnerte der Ordnungshüter.

Geistesgegenwärtig biss sich Eva auf die Lippen, damit ihr kein „Was denn?" herausrutschte. Während sie fieberhaft überlegte, was sie falsch gemacht haben könnte, nahm sie allen Mut zusammen und erwiderte schlagfertig: „Ja, doch, schon, aber ich fahre nicht so häufig in Stralsund." – „So, so, na, dann zeigen Sie mir mal ihre Fahrerlaubnis."

Eva kramte umständlich in ihrer Handtasche, um Zeit zu schinden, während sie hoffte, dass die kleine Tochter ihre Schnute halten und nicht ausplappern würde, was sie heute von ihren Eltern aufgeschnappt hatte, dass nämlich Mama fahren musste, weil irgendwas mit Papas Fahrschein oder Führerschein war ... Sie zog das gesuchte Papier aus den Tiefen ihrer Tasche, streckte den Arm aus dem Fenster und wedelte damit triumphierend

vor der Nase der Weißen Maus herum.
„Hier, bitte schön."
„Na, wird ja auch Zeit, sie sehen doch was hier los ist, meinen Sie, ich kann mich den ganzen Tag nur mit Ihnen beschäftigen?"
Folgsam schüttelte Eva den Kopf und antwortete so freundlich es ihr möglich war: „Nein, natürlich nicht, entschuldigen Sie bitte."
Grimmig kontrollierte der Polizist die Fahrerlaubnis samt den dazugehörigen gelben, grünen und roten Zetteln. Glücklicherweise waren ihre Abschnitte ohne jegliche Vermerke.
Die Nerven von Eva und ihrem Mann waren zum Zerreißen gespannt. Wann konnten sie denn nun endlich weiterfahren?
Aber der Ordnungshüter schien davon nichts zu merken, ließ sich Zeit und studierte alles ganz genau. Endlich, nach einer gefühlten Ewigkeit, nickte er mit dem Kopf und reichte die Fahrerlaubnis einschließlich der Zettel zurück. Er sah Eva streng an: „Na ja, junge Frau, da wollen wir noch mal Gnade vor Recht ergehen lassen. Sie haben sich bisher nichts zuschulden kommen lassen, dann will ich ausnahmsweise auch von einem Eintrag absehen. Aber denken Sie dran, ein anderer ist vielleicht nicht so kulant."
Erleichtert lächelte Eva ihn an: „Vielen Dank auch, Herr Wachtmeister, das ist sehr nett von Ihnen," nahm ihr Papier zurück und kurbelte das Fenster hoch. Gerade, als sie das Auto starten wollte, klopfte der Polizist noch mal an die Scheibe und bedeutete ihr, diese abermals runterzukurbeln, was sie gehorsam tat. „Du meine Güte, was denn jetzt noch?", dachte Eva, lächelte so charmant es ihr möglich war und sagte: „Ja, bitte?"
Die Weiße Maus deutete ins Wageninnere und fragte:„Sagen Sie mal, warum fahren eigentlich Sie und nicht ihr Mann?"
In den 60er-Jahren war es tatsächlich eher ungewöhnlich, dass

eine Frau ihre Familie durch die Gegend kutschierte. Diese Frage hatten alle befürchtet. Deshalb reagierte Eva relativ gefasst und antwortete gedehnt: „Ach, wissen Sie, meinem Mann ging es heute morgen nicht so gut, er wollte lieber nicht fahren, und da, ja, da habe ich mich eben bereit erklärt."
Der Ordnungshüter nickte väterlich: „Sehr vernünftig, junge Frau, dann gute Fahrt und denken Sie beim nächsten Mal dran, wenn die Ampel rot zeigt, müssen sie unbedingt anhalten, klar?"
„Ja, aber natürlich Herr Wachtmeister, selbstverständlich. Und vielen Dank auch."
Schwungvoll setzte sich der Trabbi in Bewegung während den dreien ein ganzes Bergwerk voller Steine vom Herzen purzelte. Das war ja gerade noch mal gut gegangen. Übrigens, eine rote Ampel überfuhr Eva nie wieder.

Voll Speed

Heinz war begeisterter Speedway-Sport-Anhänger und verfolgte die Veranstaltungen im ganzen Land. 1957 begannen der VEB Bau und viele freiwillige Helfer im Rahmen des NAW (Nationales Aufbau Werk) den Bau einer Rennbahn direkt vor seiner Haustür. Er konnte es kaum glauben und wartete ungeduldig auf das erste Rennen.
Am 4. Mai 1958 fiel der Startschuss. Der ADMV (Allgemeiner Deutscher Motorsport-Verband) war Veranstalter des 1. Stralsunder Speedway Rennens im Stadion Am Stadtwald. An diesem Rennen waren nur deutsche Fahrer beteiligt. Für die Durchführung zeichnete sich der MC-STRALSUND verantwortlich, der erst im April 1958 gegründet worden war und zu dieser Zeit 150 Mitglieder zählte. Um die 20 000 Besucher ließen sich

dieses sportliche Ereignis in Stralsund nicht entgehen. Ein tolles Rennen, bei dem ein Fahrer aus Tribsees den Sieg davontrug. Heinz war begeistert und kaufte sich zur Erinnerung an diesen denkwürdigen Tag die Informationsbroschüre für die Veranstaltung. Sie kostete 0,50 DM. Wie einen Schatz hütete er dieses Heftchen bis heute.

Preis 0.50 DM

DDR

I. Speedway-Rennen Stralsund

4. Mai 1958 Start: 14 Uhr

Speedway-Stadion am Stadtwald

Einzelwertung

Training 9-11 Uhr

Veranstalter: ADMV, Allgemeiner Deutscher Motorsport-Verband, Bezirksleitung Rostock

Mit der Durchführung beauftragt: MC-Stralsund

Alle Sportler des ADMV stehen hinter der Regierung der DDR für die Schaffung einer atomwaffenfreien Zone

Richtig eingeweiht wurde das neu gebaute Stadion mit einem ersten internationalen Rennen zur Ostseewoche im Juli 1958. Im Rahmen einer Feierstunde erhielt die Anlage den Namen „Paul Greifzu Stadion“, in Erinnerung an den Rennfahrer, der 1952 beim Dessauer Autorennen tödlich verunglückte. In den 1960er-Jahren kam Heinz‘ Sohn Uwe auf die Welt. Wie sollte es anders sein, schon im Kinderwagen wurde der Kleine zu Speedway-Rennen mitgeschleppt.

Ob das seine Leidenschaft entfachte oder ob er erst später von Heinz' Rennleidenschaft angesteckt wurde, kann er nicht mehr sagen. Aber je älter er wurde, desto häufiger war er dabei. Von Anfang an hatten Vater und Sohn einen Stammplatz. Bei jedem Rennen standen sie in der ersten Kurve nach dem Start. Diese Veranstaltungen hatten eine Art Volksfestcharakter, was Heinz und Uwe außerordentlich gefiel. Verpflegung gab es natürlich auch, für Heinz Bier und für den Kleinen Brause und Bockwurst. Manchmal Obst oder Gemüse, wie Kirschen, Äpfel, Pflaumen oder Tomaten. Den Verkauf in den Buden übernahmen übrigens oft Mitarbeiter aus Betrieben, die extra dafür abgestellt wurden.

Wenn das Rennen vorbei war und die Zuschauer das Stadion verlassen hatten, war es für Uwe an der Zeit, ein bisschen Geld zu verdienen. Er sammelte leere Bierflaschen und strich das Pfandgeld ein, das er behalten durfte. Manchmal besuchten Vater und Sohn die Trainingsläufe im Stadion. Mit etwas Glück erhaschten sie einen Blick in das Fahrerlager. Das war fast genauso spannend wie die Rennen selbst.

Um die Besucher bei der Stange zu halten, ließen sich die Veranstalter einiges einfallen. So initiierten sie beispielsweise eine Tombola. Einmal hatte Heinz in den 1980er-Jahren Glück und gewann mit seinem Los eine Vase, der zu Hause ein Ehrenplatz sicher war. Erst kürzlich ist sie kaputtgegangen, schade, ein Stück Vergangenheit weniger.

So viele Erinnerungen sind für Vater und Sohn mit den Speedway-Rennen in Stralsund verbunden, aber eine hat sich für alle Zeiten besonders eingeprägt. Der Untergrund der Rennbahn besteht aus granulierten Steinen wie Ziegeln oder Granit und darüber liegt eine Schicht aus gemahlenem Schiefer. Damit es nicht so staubt, wird sie in den Pausen regelmäßig gewässert. Aber das hilft nur bedingt.

Jedenfalls waren die Gesichter der Zuschauer – auch die von Heinz und Uwe, ebenso wie die der Budenverkäufer – regelmäßig pechschwarz von Staub und Dreck. Kleine Steinchen flogen wie Geschosse durch die Luft, die, wenn man sie abbekam, Schrammen und Schrunden verursachen konnten. Aber das machte den beiden nichts aus, ihr Motto war immer: „Dabeisein ist alles.“ Was war schon so ein bißchen Dreck gegen die Superstimmung im Stadion. Und mit einem Bad in der heimischen Wanne war das Problem leicht zu lösen.

Der Club MC Nordstern Stralsund in seinem Paul-Greifzu-Stadion an der Barther Straße ist bis heute überaus erfolgreich. Jedes Jahr finden hier viele Rennsport-Veranstaltungen statt. Darüber freuen sich Heinz und Uwe sehr, denn sie verfolgen die Rennen ihres Clubs bis heute aufmerksam. Übrigens, den herumfliegenden Dreck hält inzwischen eine hohe Bande von den Zuschauern fern.

Immer, wenn Vater und Sohn mal wieder ein Rennen anschauen oder am Stadion vorbeikommen, erinnern sie sich an ihre ersten Besuche. In Gedanken stehen sie wieder an ihrem Stammplatz in der ersten Kurve nach dem Start und sehen ihre dreckigen, aber glücklichen Gesichter.

Zwei Mariner tauchen ab

in den 1970er-Jahren wurden zweimal jährlich junge Männer gezogen, die das 18. Lebensjahr vollendet hatten, um den Wehrdienst bei der Volksmarine abzuleisten. Die vierwöchige Grundausbildung, gleich welcher seemännischen Gattung sie sich anschlossen, wurde auf der im Strelasund zwischen Rügen und Stralsund liegenden Insel Dänholm absolviert.

Anfang November 1977 traf ein zukünftiger Marinetaucher aus dem Süden der DDR auf dem Rügendammbahnhof in Stralsund ein, nennen wir ihn mal Rick. Mit zwei Koffern machte er sich zu Fuß auf den Weg zum Dänholm. Noch nie zuvor war er an der Ostseeküste gewesen und hatte sich dennoch für eine Laufbahn bei der Volksmarine entschieden. Er liebte eben das Meer.

Marinetaucher auf einem Spezialschiff der Volksmarine während der Ausbildung, 1979.

Die ersten vier Wochen gingen gut über die Bühne. Tagsüber lernten die Neuankömmlinge fleißig auf dem Dänholm, abends ging es jeweils für gut drei Stunden zum Konditionstraining in die ehemalige Sundschwimmhalle neben dem Turm am Hafen. Der Tagesablauf war straff durchorganisiert.

Für Rick und seinen Kameraden, nennen wir ihn Knud, mit dem er sich inzwischen angefreundet hatte, war alles neu und es blieb ihnen kaum Zeit zum Nachdenken. Die Wochen waren prall gefüllt mit den anstehenden Aufgaben, die den Tag von morgens bis abends strukturierten. Sie vergingen wie im Flug. Deshalb freuten sich die beiden Tauchschüler unbändig auf ihren ersten Heimaturlaub, der zu Silvester bis in den Januar hinein geplant war. Kurz vor Weihnachten erhielten sie den ersten offiziellen Gruppenausgang in der noch jungen Marine-Ausbildung. Endlich einmal Zeit, sich die Sehenswürdigkeiten Stralsunds anzuschauen, zu bummeln und es sich gut gehen zu lassen. Rick und sein Freund Knud genossen den Nachmittag in der weihnachtlich geschmückten mittelalterlichen Stadt.
Sie hatten Ausgang bis 18 Uhr. Rechtzeitig machten sie sich auf den Weg, der sie fatalerweise am Rathaus vorbeiführte.
„Was meinst du", fragte Rick Knud, „für ein schnelles Bier im Ratskeller reicht die Zeit locker. Dann schaffen wir es immer noch rechtzeitig auf die Insel."
Der stimmte freudig zu. „Klar, da müssen wir wirklich reingucken."
Von den anderen Mariners hatten sie schon viel von der grandiosen Atmosphäre im Rathaus-Gewölbekeller gehört. Von der Badenstraße führten zwei Eingänge hinunter. Durch den linken Eingang ging's in den Bierkeller, durch den rechten in den Weinkeller. Richtig unterteilt waren die unterschiedlichen Räume zwar nicht, aber jeder hatte weitgehend seine eigene Klientel.
„Mensch, ist das gemütlich hier", sagten Rick und Knud wie aus einem Mund. Schnell rückten die Gäste zusammen, damit die Mariner, die rasch das erste Bier bestellten, Platz fanden. Offen und symphatisch wie beide waren, beteiligten sie sich an den laufenden Gesprächen und wurden in die gesellige Runde aufgenommen. Die Zeit schritt voran. Zunächst warfen sie im-

mer mal wieder verstohlen einen Blick auf ihre Armbanduhren, verständigten sich wortlos, nickten und bestellten noch ein Bier. Und dann noch eins und noch eins und ...

Marineangehörige vor dem ehemaligen Klubhaus auf dem Dänholm nach ihrem Meisterabschluss, Sommer 1984.

Es kam, wie es kommen musste. Die beiden wurden so bierselig, dass sie Zeit und Raum vergaßen und unaufhaltsam versackten. Längst war 18 Uhr vorbei und sie sahen schon nicht mehr auf ihre Armbanduhr, sondern gaben sich ganz dem Bier und der Stimmung im mittelalterlichen Gewölbekeller hin. Inzwischen war sowieso schon alles egal.

Irgendwann aber flackerte bei den Männern ein letztes Fünkchen Vernunft auf und Rick und Knud verließen mächtig angeschickert den gemütlichen Keller. An der frischen kalten Winterluft merkten sie, dass sie mehr als genug hatten. Arm in Arm mäanderten sie zurück zum Dänholm. Je näher sie der Insel ka-

men, desto nüchterner wurden sie und fühlten sich nicht gerade wohl in ihrer Haut. Sch..., das würde mächtig Ärger geben.
So war's auch. Der diensthabende Wachoffizier erwartete sie bereits und ließ zur Begrüßung ein gehöriges Donnerwetter auf sie niederprasseln. Klaglos ließen sie es über sich ergehen. Sie wollten nur noch eins, in ihre Koje. Der Vorgesetzte betrachtete die beiden traurigen Gestalten, merkte, dass weiteres Schimpfen keinen Zweck hatte und schickte sie auf ihr Zimmer.
Dankbar wandten sich Rick und Knud zum Gehen, wobei sie Wortfetzen aufschnappten wie „... sprechen uns morgen", „... werdet schon sehen was ihr davon habt" „... so geht das nicht"
Mit Mühe und Not erreichten sie ihre Betten und lagen noch gar nicht ganz, als sie hundemüde und bierselig einschliefen.
Der nächste Morgen war für Rick und seinen Freund Knud grausig. Beide hatten einen fürchterlichen Kater und es ging ihnen hundeelend. Bedrippst schlichen sie ins Büro des vorgesetzten Offiziers, ihres Ausbilders. Wie zwei Häufchen Elend standen sie da und harrten der Dinge, die unweigerlich auf sie zukommen würden. Im Geheimen erhofften sie sich eine gewisse Milde, schließlich waren sie noch nicht lange hier und hatten bisher gar nichts von der Stadt gesehen. Aber Pustekuchen, nix war's. Vorschrift war schließlich Vorschrift und das hieß für Rick und Knud bis auf Weiteres Landgang- und Urlaubssperre. Himmel, A... und Zwirn, so ein verflixter Mist. Da hatten sie sich ja was Schönes eingebrockt.
Die beiden verließen geknickt und traurig das Dienstzimmer. Alle Vorfreude umsonst. Der so sehnlichst erwartete Urlaub und eine fröhliche, lustige Silvesterfeier im Kreis ihrer Familien war in unerreichbare Ferne gerückt. Stattdessen Dienst schieben auf dem Dänholm, was für eine öde Aussicht. Aber es half nichts, der erste Jahreswechsel fern von zu Hause stand ihnen bevor.

Postkarte mit Hafenansichten in den 1970er-Jahren.

Rick und Knud schworen sich, dass ihnen das nicht noch einmal passieren sollte. In Zukunft würden sie wirklich besser aufpassen. Ob sie sich an ihren Schwur hielten, ist leider nicht bekannt, aber sicher ist, dass beide ihre Ausbildung erfolgreich abschlossen. Nach einem Jahr waren sie zu hervorragenden, verlässlichen und angesehenen Marinetauchern geworden. Reparaturen, Brennen und Schweißen, aber auch Unterwassersprengungen und die Bergung von Menschen gehörten fortan zu ihren Aufgaben. Bis zur Wende blieben sie im Dienst. Und dann, ja dann, erfuhr ich eines Tages von Rick diese Geschichte aus seiner Anfangszeit. Der ist nämlich Stralsund treu geblieben bis zum heutigen Tag.

Was macht Marlene im Museum

Am Mittwoch, den 20. Oktober 1965 gegen 10 Uhr, klingelte im Naturkundemuseum, das sich im ehemaligen Dominikanerkloster St. Katharinen befand, das Telefon. Eine aufgeregte Stimme meldete sich: „Seggen Se mal den Doktor, he sall eens runnerkamen, wi hemm wat för em in'n Netzbüdel!" Solche Anrufe kamen häufiger vor. Es war also mal wieder so weit, ein Fischer hatte etwas Besonderes in seinen Netzen gefunden. In der Prohner Wiek, fünf Kilometer nordwestlich von Stralsund, war den Fischern Gerhard Fens und Herrmann Heiden ein ungewöhnlich großes, von ihnen nicht identifizierbares, Tier ins Netz gegangen. Spökenkiekerisch bezeichneten sie den Fund als „Meeresungeheuer".

Dr. Sonnfried Streicher, Wissenschaftler und Direktor des Museums, schnappte sich seinen Rucksack, stieg auf sein Motorrad und brauste zum Fischereihafen auf der kleinen Insel Dänholm, zwischen dem Festland und Rügen gelegen. Er versprach sich nicht viel von dieser Meldung, und dachte an eine seltene Fischart, beispielsweise einen Katfisch (gestreifter Seewolf).

Viele Schaulustige hatten sich zwischenzeitlich eingefunden. Der Wind trug schon von Weitem Satzfetzen zu ihm herüber wie etwa: „Hab so ein Tier noch nie gesehen." –„Der Kopf sieht aus wie bei einer Schildkröte." – „Mich erinnert er an einen Katfisch." – „Aber eine schöne Haut, glatt wie bei einem Wal." – „Eher eine interessante Oberfläche, mit großen Platten bedeckt." – „Könnte gut drei Meter lang sein." – „Ach was, das gefangene Tier soll mindestens zehn Meter lang sein."

Als Dr. Streicher näher kam, wandten sich die Leute direkt an ihn, während sie belustigt und schmunzelnd auf seinen vergleichsweise kleinen Rucksack sahen. „Sie sind doch der Fachmann, sagen Sie uns doch bitte, was für ein seltenes Lebewesen das ist." Doch der Experte konnte das Tier nicht bestimmen, jedenfalls nicht, solange es im Wasser schwamm. Erst als Direktor Streicher das gefundene Tier im Schlepptau des Fangbootes genauer betrachten konnte, war ihm klar, welch seltener Fund den Fischern ins Netz gegangen war. Eine ausgewachsene Lederschildkröte, Größe und Körperbau waren unverkennbar. Unglaublich, sensationell, einmalig! Die erste lebende Lederschildkröte, die an einer deutschen Küste gefunden wurde. Was für ein Glücksfall für Stralsund!

Lederschildkröten sind die größten lebenden Schildkröten der Erde. Der Panzer dieser Reptilien ist mit lederartiger Haut überzogen und relativ weich. Er fühlt sich glatt an und enthält dünne, mosaikartig angeordnete Knochenplättchen. Der Lebensraum der Lederschildkröten ist das Wasser, hauptsächlich der Atlantik, Pazifik und der Indische Ozean. Nur zur Eiablage schlängeln sich die Weibchen mühselig an den Strand, graben ein etwa 60 Zentimeter tiefes Loch, legen ihre Eier und machen sich schnellstens auf den Weg zurück ins Wasser. An Land sind sie sehr unbeholfen und angreifbar. Große Entfernungen sind für diese Schildkröten kein Problem, aber gelegentlich wählen sie einen falschen Weg. Die Gründe dafür sind nicht bekannt. So ist die Lederschildkröte offenbar als Irrläufer in der Ostsee gelandet. Sie war ungefähr 2,50 Meter lang und vermutlich um die 450 Kilogramm schwer.

Die Fischer hatten saubere Arbeit geleistet und das Tier geduldig in einigen Stunden langsamer Fahrt von der Prohner Wiek in den Fischereihafen gebracht. Die riesige Schildkröte wurde an Land gehievt und von acht Mann aus den Reusen befreit. Die erste Überlegung war, dieses Tier möglichst lebend auszustellen. Aber wo? Im Zoologischen Garten in Leipzig tummelten sich Nilpferde in einem riesigen Becken. Das wäre die richtige Beckengröße für die Lederschildkröte. Aber so hopplahopp war ein Transport nicht möglich. Die Vorbereitungen würden einige Zeit brauchen. Aber das seltene Tier gefesselt auf dem Dänholm liegen zu lassen, war viel zu riskant. Eine Zwischenlösung musste gefunden werden. Die hieß: Zoologischer Garten Rostock. Nicht ideal, aber machbar. Umgehend wurde die Lederschildkröte nach Rostock transportiert. Über 20 000 Besucher sahen sie lebend. Für die Rostocker ein Besucherrekord seit Bestehen des Zoologischen Gartens. Leider starb die Lederschildkröte bereits in derselben Woche, in der sie gefangen worden war. Spätere Untersuchungen ergaben, dass das Tier schon kurz nach dem Fang stark unterkühlt war und an Stoffwechselstörungen litt.

Zwischen Rostock und Stralsund war die Vereinbarung getroffen worden, dass die Lederschildkröte im Todesfall zurück nach Stralsund gebracht würde. Die wissenschaftliche Auswertung und Präparation sollte das Naturkundemuseum Stralsund übernehmen. Eine schwierige Aufgabe für die Mitarbeiter, denn es mangelte ihnen an Erfahrung. Es handelte sich jedenfalls um ein ausgewachsenes Tier, ein Weibchen. Das genaue Alter war nicht bestimmbar, es bewegte sich wohl so zwischen 60 und 100 Jahren. Anfang des Jahres 1966 wurde das Tier in der Katharinenhalle gezeigt. Ein Highlight nicht nur für die Stralsunder, denn auch im Kreis der Zoologen erregte der seltene Fund größtes Aufsehen.

Das Naturkundemuseum in Stralsund erreichten Ausstellungsanfragen zahlreicher Museen und anderer Einrichtungen aus vielen Städten. So wurde zunächst eine Wanderausstellung konzipiert. Der erste Ort sollte Berlin sein. Die „BZ am Abend“ (Berliner Zeitung) organisierte eine zweimonatige Ausstellung in der Sporthalle ab 15. Oktober 1966. Mithilfe von Zeichnungen lenkte die BZ bereits Tage zuvor die Aufmerksamkeit ihrer Leser geschickt auf die bevorstehende Ausstellung, die ein Publikumsmagnet wurde. Über 300 000 Besucher bewunderten die Lederschildkröte. Stralsund profitierte direkt von dem riesigen Erfolg in Berlin, denn die BZ spendete die Eintrittsgelder dem Naturkundemuseum. Damit konnte der Bau eines Meeresaquariums finanziert und die Wandlung vom Naturkundemuseum zum Meeresmuseum eingeläutet werden.

Lederschildkröte „Marlene“ in der Berliner Ausstellung 1966.

Nachdem die Lederschildkröte als Leihgabe mehrfach lädiert wurde, beschloss das Stralsunder Museum, „Marlene“ als Dauerausstellungsexponat vor Ort zu behalten. Warum aber heißt die Lederschildkröte bis zum heutigen Tag Marlene? Während ihres Aufenthaltes in Berlin 1966 soll zur gleichen Zeit die berühmte Marlene Dietrich in der Stadt gewesen sein. Es wurde gemunkelt, sie hätte die Ausstellung besucht, was jedoch nicht bewiesen ist. Wie dem auch sei, plötzlich wurde die nicht weniger bekannte und inzwischen sehr beliebte Lederschildkröte

Marlene genannt. Wer genau ihr diesen Namen gab, ist nicht überliefert. Als Marlene kehrte sie jedenfalls wohlbehalten nach Stralsund zurück.
Bis heute ist die Lederschildkröte ein wichtiges Exponat im Katharinenkloster. Wer länger vor ihrer Vitrine stehen bleibt und ihr tief in die Augen blickt, möchte gelegentlich meinen, dass sie ihm zuzwinkert, so als wollte sie sagen: „Die Zeiten haben sich geändert, aber ich bleibe die Marlene, schaut nur!“

Lederschildkröte „Marlene“ im Deutschen Meeresmuseum, 2002.

Weitere Bücher aus der Region

Rendezvous mit Usedom
George Tenner
80 Seiten, zahlr. schw.-w. Fotos
ISBN 978-3-8313-2114-8

Klönsnack und Seemannsgarn - Rügen
Ralph Sommer
80 Seiten, zahlr. schw.-w. Fotos
ISBN 978-3-8313-2119-3

Land zwischen Meer und Lagunen - Fischland-Darß-Zingst
Evelyn Koepke
80 Seiten, zahlr. schw.-w. Fotos
ISBN 978-3-8313-2118-6

Zwischen Kröpi und Teepott Geschichten und Anekdoten aus Rostock
Dörte Rahming
80 Seiten, zahlr. schw.-w. Fotos
ISBN 978-3-8313-2146-9